一阳指战法

判断股票趋势反转买卖信号

股海扬帆◎著

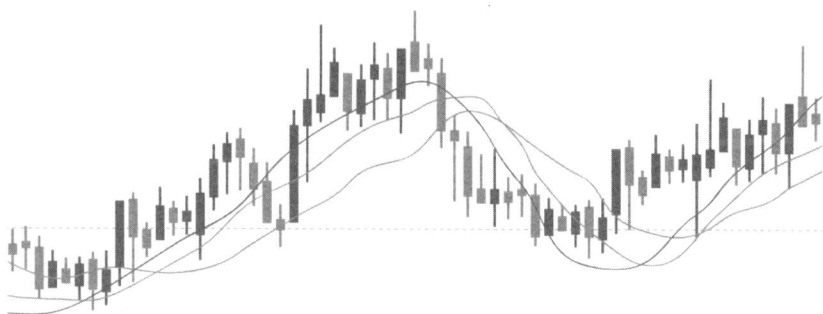

中国铁道出版社有限公司

CHINA RAILWAY PUBLISHING HOUSE CO., LTD.

图书在版编目（CIP）数据

一阳指战法：判断股票趋势反转买卖信号 / 股海扬帆
著. -- 北京：中国铁道出版社有限公司, 2025. 1.
ISBN 978-7-113-31780-5

Ⅰ. F830.91

中国国家版本馆CIP数据核字第2024LL7047号

书　　名：**一阳指战法——判断股票趋势反转买卖信号**
　　　　　YIYANGZHI ZHANFA:PANDUAN GUPIAO QUSHI FANZHUAN MAI MAI XINHAO
作　　者：股海扬帆

责任编辑：张　明　　编辑部电话：（010）51873004　　电子邮箱：513716082@qq.com
封面设计：宿　萌
责任校对：苗　丹
责任印制：赵星辰

出版发行：中国铁道出版社有限公司（100054，北京市西城区右安门西街 8 号）
网　　址：https://www.tdpress.com
印　　刷：河北宝昌佳彩印刷有限公司
版　　次：2025 年 1 月第 1 版　2025 年 1 月第 1 次印刷
开　　本：710 mm×1 000 mm 1/16　印张：13　字数：187 千
书　　号：ISBN 978-7-113-31780-5
定　　价：69.00 元

前　言

　　一阳指战法，虽然源于笔者对短线技术的总结，但它绝不像其买卖操作那样，仅仅是一门短线操盘技术，而是价值投资下的一种价格波动交易技巧。为什么这样讲呢？从一阳指战法的买卖交易方法来看，它确实是一种短线交易技术，讲求的是对股价在日线图上的下跌低点的判断，以及对上涨高点的把握，也就是对日线图上的抢弱势反弹或上涨调整结束的上涨小波段进行操作，其短线特点十分鲜明。

　　然而，这仅仅是流于表象的操作，隐藏在其背后的，却是更多的、不为多数投资者所重视的内容，而这些内容才是所有短线操盘技术的核心内容。为什么这样讲呢？有过股票投资经验的投资者都知道，日线图虽然是投资者股票交易期间使用最多的 K 线图，其上面股价的趋势更为鲜明，且有一定的统计周期，具有中线的稳定性和短线的波动性两大优点，但是，许多投资者却是很难通过日线图准确地判断出一只股票的趋势运行规律。是什么原因造成的这种情况呢？最根本的原因在于大多数的投资者都过于短视。也就是说，很多投资者只是看到了股价在日线图上的快速转强或快速转跌的明显的趋势变化，却忽略了股价运行的周期规律——并不是所有的股票，在大幅上涨之后又步入大幅下跌，在大幅下跌后一定会快速转为上涨；也并不是所有的股票，在明显的日线图上涨趋势中结束了短期的调整后，又会恢复上涨趋势。

　　这其中到底隐藏着怎样的秘密？

　　实际上，造成这种情况的原因只有一个——上市公司的企业价值在市场规律作用下的价格波动。

不少人可能会感觉这句话有些拗口，事实上，这却是股票市场最大的魅力所在。为什么这样说呢？首先从股价规律上来看，无外乎是在大涨之后，必然转为大跌，步入弱势震荡，然后股价再次走强……如此周而复始，好像是沿着特定的轨迹运行，事实上，影响一只股票价格的因素，无外乎经济环境、行业的景气度及企业内部生产经营的状况与行业的匹配度等。这里就存在着一个重要的问题——企业价值的影响如何？企业价值即企业在行业中的地位和影响大小，其几乎贯穿于股价在市场上运行的各个阶段，如在上涨趋势中，企业价值会最大程度甚至是超预期地过度显示在股价上，但在其后的下跌中，这一价值的过度反应反而显得一文不值，因为企业的持续盈利反而无法阻止股价的大幅下跌，在其后的弱势震荡整理中，企业价值又更像是可有可无的东西了，在市场弱势下，大幅盈利的企业股价持续下跌。其实造成这一切的原因，都是资金潮来潮往的后遗症，涨跌过度参与也是这一原因所引发的，因为没有之前的大幅上涨，则根本不会出现其后的大幅下跌——趋势运行的秘密就在于此，当一只股票回归理性后，我们才能够真正看清其是否存在动人的魅力，因为只有在退潮后，我们才能够真正看清哪个是在"裸泳"。

这一点才是一阳指战法中最为精华的部分，也是一阳指战法中选股技术的根本所在，因为选股看似并不重要，实则是在以排除法对符合要求的目标股一一剔除，只有把一些没有投资价值的股票剔除掉，投资者才能够纯粹地从趋势运行规律的角度来观察和判断，甚至最后去操作具有投资价值的股票。而只有这些具有投资价值的股票，其短期或长期的涨幅才更为可期。

然而，我们也要更为清醒地看到一个不争的事实，毕竟投资者的判断力都是有限的，不可能对所有行业或产业都能够进行合理预估和准确判断，比如眼下全球火热的 AI 产业，其未来发展真的就是一片光明吗？对于某些行业或许是，但在某些行业，或许反而会是致命的打击，而 AI 技术对于人类自身的发展，或许更是一个颇具争议的问题。

　　这种行业发展的不确定性，或是对其的质疑性，往往是推动社会前进的最大动力，同时，也是股票市场的魅力所在。一如我们在对一只股票价值进行分析时，此时某些因素或许是其面临的最大弊端，影响了企业的发展，但若是到了彼时，或许会成为其发展的最大动力，亦是其最大的价值所在。这一点，也正是一阳指战法最高的交易法则，买卖有定式，却无价格限制，一切都要根据股价在市场上的表现而定。

　　因此，一阳指战法完全是在股价运行规律、价值投资指引下，根据股价短线明显涨跌波动时的表现所进行股票投资操作的一种短线交易技术，因为在满足上述情况下的交易，才是最安全、风险性最小的，同时，短期获利也最为明显，市场起起伏伏，投资盈利与亏损相伴共生，风险时刻存在，希望各位投资朋友牢记，股市有风险，投资需谨慎。

股海扬帆

2024 年 9 月

目　录

第 1 章　一阳指战法：短线获利高的操盘技术之一　/　1

　1.1　一阳指战法概述 / 2

　　1.1.1　什么是一阳指战法 / 2

　　1.1.2　一阳指战法包含哪些技术内容 / 4

　1.2　战法运用与趋势的关系 / 7

　　1.2.1　识别趋势是运用一阳指战法的关键 / 7

　　1.2.2　不同趋势下的不同操盘理念 / 9

　1.3　主要的买卖形态 / 11

　　1.3.1　两类买入股票的技术形态 / 11

　　1.3.2　两类卖出股票的技术形态 / 14

　1.4　实战意义 / 17

　　1.4.1　通过短期趋势突变寻找右侧之初的买入良机 / 17

　　1.4.2　通过趋势变弱判断卖出获利时机 / 19

　　1.4.3　准确把握买卖时机是获利的关键 / 20

第 2 章　实战攻略：一阳指战法操盘盈利的基础　/　23

　2.1　操盘策略 / 24

　　2.1.1　小波段持股策略 / 24

　　2.1.2　中小波段持股策略 / 25

　2.2　交易原则 / 27

　　2.2.1　在选股的基础上进行交易 / 27

　　2.2.2　强中择强买入交易原则 / 30

2.2.3　弱势必出的卖出交易原则 / 32

2.2.4　现价交易原则 / 33

2.3　交易纪律 / 35

2.3.1　不要频繁交易 / 35

2.3.2　克服贪婪和恐惧 / 37

2.3.3　不在最低点抄底 / 39

2.3.4　不全仓操作 / 40

2.3.5　交易失败要及时止损 / 42

2.4　仓位管理 / 44

2.4.1　空　仓 / 44

2.4.2　轻　仓 / 46

2.4.3　重　仓 / 47

2.5　操盘步骤 / 49

2.5.1　选　股 / 49

2.5.2　判断买股时机 / 51

2.5.3　持股与否的判断 / 53

2.5.4　判断卖股时机 / 54

第 3 章　趋势：使用一阳指战法的关键　/　57

3.1　趋势的主要表现形式 / 58

3.1.1　上涨趋势 / 58

3.1.2　下跌趋势 / 59

3.1.3　横盘趋势 / 61

3.2　判断趋势时使用的指标 / 63

3.2.1　MA / 63

3.2.2　MACD / 64

3.3　一阳指战法中判断趋势的要求 / 66

　　3.3.1　选股时期的两种趋势表现 / 66

　　3.3.2　买股时的两种趋势表现 / 68

　　3.3.3　卖股时的两种趋势表现 / 71

第 4 章　量价：判断买卖时机的重要依据　/　75

4.1　量的表现 / 76

　　4.1.1　阴量与阳量 / 76

　　4.1.2　长阴与中阴 / 77

　　4.1.3　长阳与中阳 / 78

　　4.1.4　小阴与小阳 / 79

　　4.1.5　放量与缩量 / 81

4.2　价的表现 / 82

　　4.2.1　阴线与阳线 / 82

　　4.2.2　长阴线与中阴线 / 84

　　4.2.3　上影线与下影线 / 85

　　4.2.4　小阴小阳线 / 86

　　4.2.5　孕　　线 / 88

4.3　量价在一阳指战法中的应用 / 89

　　4.3.1　放量长阳：标准的强势反转一阳指买入形态 / 89

　　4.3.2　温和放量上涨：变形一阳指持续转强形态 / 92

　　4.3.3　放量长阴或长上影阴线：标准中冲剑卖出形态 / 93

　　4.3.4　高位震荡放量小阴小阳：变形中冲剑卖出形态 / 95

　　4.3.5　低开持续放量低走：中冲剑形态初期的卖股最佳时机 / 96

第 5 章　选股：会选股才能买到好股　/　99

5.1　选股策略 / 100

5.1.1　技术面为主、基本面为辅的选股策略 / 100

5.1.2　龙头选股策略 / 102

5.1.3　弱中择强选股策略 / 104

5.2　技术面选股方法 / 106

5.2.1　长期弱势震荡整理的股票 / 106

5.2.2　短期震荡下跌的股票 / 108

5.3　基本面选股方法 / 110

5.3.1　基本要求 / 110

5.3.2　蓝筹股、龙头股的选择方法 / 111

5.3.3　绩优股、白马股的选择方法 / 113

5.4　实战要点 / 115

5.4.1　有效识别出两种不同的弱势技术形态 / 115

5.4.2　拒绝垃圾股 / 117

5.4.3　基本面选股时应以中长期财务状况为主 / 119

5.4.4　坚持价值投资理念 / 121

第 6 章　买股时机：一阳指形态是买股的最佳时机　/　125

6.1　买股要求 / 126

6.1.1　确认一阳指形态 / 126

6.1.2　确认变形一阳指形态 / 127

6.2　一阳指形态的判断 / 129

6.2.1　K 线要求 / 129

6.2.2　成交量要求 / 132

6.2.3　盘口信息的强势确认 / 134

6.3　变形一阳指形态的判断 / 136

　　6.3.1　K 线要求 / 136

　　6.3.2　成交量要求 / 138

　　6.3.3　盘口信息的强势确认 / 140

6.4　买点时机的确认 / 141

　　6.4.1　日线盘面状态 / 141

　　6.4.2　分时盘口状态 / 143

6.5　买股时的仓位 / 146

　　6.5.1　重仓时的情况 / 146

　　6.5.2　轻仓时的情况 / 147

6.6　买股步骤 / 149

　　6.6.1　确认日线一阳指或变形一阳指形态 / 149

　　6.6.2　确认分时盘口强势 / 150

　　6.6.3　按照仓位要求果断买入 / 152

6.7　实战要点 / 153

　　6.7.1　只要确认为一阳指或变形一阳指形态即应果断买入 / 153

　　6.7.2　买入股票时一定要坚决果断 / 155

　　6.7.3　买股失败后应果断止损 / 156

第 7 章　持股判断：敢于捂股才能获利　/　159

7.1　持股原则 / 160

　　7.1.1　持股能持续获利 / 160

　　7.1.2　持股存在继续上涨的动能 / 161

7.2　持股形态 / 162

　　7.2.1　缓慢上行的量价齐升 / 162

　　7.2.2　快速上行的放量上涨 / 164

7.2.3 锯齿式上涨 / 165

7.3 主力洗盘时的整理状态 / 166

　　7.3.1 强势洗盘 / 166

　　7.3.2 弱势洗盘 / 168

7.4 实战要点 / 169

　　7.4.1 强势洗盘时注意股价位置和调整的持续性 / 169

　　7.4.2 弱势洗盘时留意股价是否跌破关键位 / 171

　　7.4.3 跌少涨多往往是主力洗盘的重要征兆 / 172

第 8 章 卖股时机：中冲剑形态是卖股的最佳时机 / 175

8.1 卖股原则 / 176

　　8.1.1 持股无法继续获利 / 176

　　8.1.2 买入股票后失败 / 177

8.2 两种卖股形态判断 / 179

　　8.2.1 中冲剑形态 / 179

　　8.2.2 变形中冲剑形态 / 181

8.3 卖股时机的确认 / 183

　　8.3.1 日线盘面状态 / 183

　　8.3.2 分时盘口状态 / 186

8.4 实战要点 / 190

　　8.4.1 卖股时应卖在形态初成阶段 / 190

　　8.4.2 结合日线与分时走势确认最佳卖股时机 / 192

　　8.4.3 卖出后即便股价再上涨也不可再买回 / 194

第 1 章

一阳指战法：
短线获利高的操盘技术之一

由于一阳指战法是在严格选股基础上所进行的一种短线交易，所以，这种操盘技术更注重短线交易的安全性，是短线获利高的一种操盘技术之一，因为只要一只股票自身的价值依然存在，那么一旦转强后，无论是中长线还是短线，都会体现在其股价上。因此，投资者在学习一阳指战法之前，应对这一战法进行全方位的了解，以便于其后的学习。

1.1 一阳指战法概述

1.1.1 什么是一阳指战法

一阳指战法是笔者根据多年自身的操盘实践，以及趋势反转时的股票特征，总结出来的一套适合短线交易的操盘技术，同时，考虑到短线交易的风险系数，又增加了选股这一环节，所以，一阳指战法是以股票中长期的基本面支撑为依据的一系列以中长线选股为基础、短线交易为主的操盘技法，同时，它又是一整套包含了如操盘策略、交易原则、仓位管理、交易纪律等内容的实战攻略。由于买股时的主要形态为一阳指形态，所以将这一战法称为一阳指战法，但其内容并不仅仅限于一阳指买入形态，同时，还包括持股与否的判断标准，以及卖出股票时的中冲剑形态等，因此，它又是一整套具有实战指导性的短线操盘体系。

实战案例：

比如我们在图 1-1 长虹华意（000404）日线图 1 中 A 区域发现这只股票出现了明显的一阳指买入形态并做出买入交易的操作后，事实上，之所以决定及时买入这只股票，主要是在之前对这只股票进行过分析，也就是如图 1-2 长虹华意周线图所显示的那样，A 区域的一根阳线已经下探到了之前 B 区域筹码低位盘整的聚集区，所以，A 区域底端是有着较强的中长线支撑的，因此，一旦股价下探到 B 区域箱体所处的价位，尤其是短期的瞬间快速下探，这只股票就会瞬间具有价格和技术上的优势。

然而，一阳指战法不仅仅是以上所述的对选股和买股时机的判断，还包括如图 1-3 长虹华意日线图 2 中盘口显示的那样，在 A 区域以一阳指形态买入股票后，到 B 区域和 C 区域时，股价只是短期出现了小幅震荡整理，并未影响到整个强势反弹上涨的趋势，所以应安心持股。而到了 D 区域，却发现不仅 K 线图上形成了明显的中冲剑形态，同时，无论是从盘口换手率，还是主力当日净流出等方面分析，均是主力出货的征兆，所以应果断卖出股票，以完成一轮完整的操作。这种从选股到买入一只股票，以及期间的持股判断和卖股分析判断，包括期间进行买卖交易时所遵守的如 A 区域买入时要大胆不恐低和 D 区域卖出时不贪婪等交易纪律，以及即时买卖交易等内容，均为一阳指战法所包含的内容。因此，一阳指战法绝不是一门简单的股票买卖交易技术，而是一整套依托中长线投资逻辑的中短线操盘体系。

图1-1 长虹华意日线图1

图1-2 长虹华意周线图

3

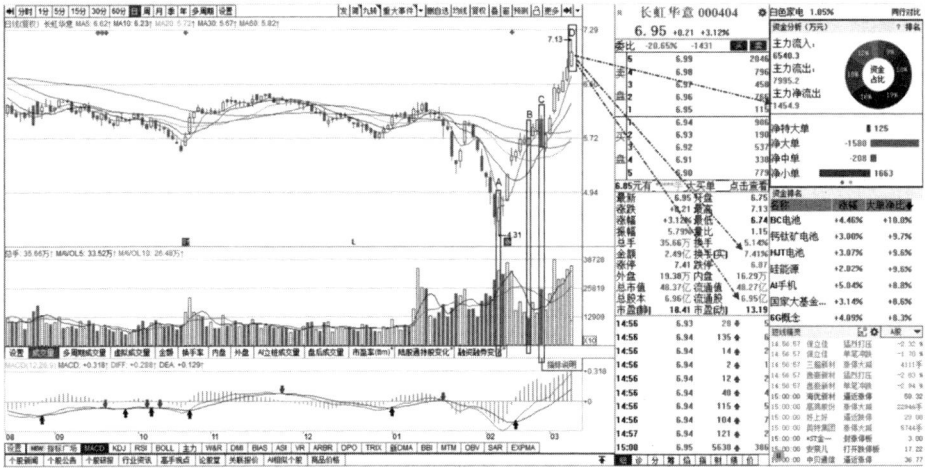

图1-3　长虹华意日线图2

注意事项：

（1）投资者在学习一阳指战法前，一定要明白一件事情，就是一阳指战法不仅仅只是一门短线操盘技术，它还包括如何运用好这门操盘技术所必须遵守的一系列其他方面的内容，如操盘攻略等。

（2）在学习一阳指战法前，还要明白另外一点内容，就是使用一阳指战法中的比如买卖股票或是行情分析与判断等内容时，是要使用一些技术指标的，如均线、量价，以及判断趋势的方法和工具等，甚至还包括选股时期的基本面分析方法。

1.1.2　一阳指战法包含哪些技术内容

从技术层面上讲，一阳指战法主要包括买入和卖出股票的两类形态，因为无论哪一种，都是离不开买股和卖股技术的，买股形态主要包括一阳指形态和变形一阳指形态，卖股形态主要包括中冲剑形态和变形中冲剑形态。同时，一阳指战法还包括股票的分析与判断技术，这一点除去对买卖形态的分析与判断外，还包括两个内容：一是选股时的技术弱势分析；二是买入股票后的持股技术分析与判断。总结下来，一阳指战法所包含的技术内容主要有四个方面：选股分析与判断、买股分析与判断、持股分析与判断、卖股分析与判断。

实战案例：

先从选股的角度来分析，如图 1-4 沈阳机床（000410）月线图所示，从其月线图上看，整个 A 区域均处于底部区域的长期盘整阶段，这就意味着只要是逢低，即可择机操作。

图1-4　沈阳机床月线图

这时，即可观察周期图，如图 1-5 沈阳机床周线图所示，A 区域为股价弱势转强后的整理区域，时间较长，筹码较多，在其后的上涨并创出高点 9.26 元后的下跌回调中，A 区域必然是强有力的支撑区域，所以，从 A 区域的箱体震荡高低点向右做水平边线后发现，箱体上沿的 B 线为跌破进入 A 区域回调的初级区域界线，即 A 区域的高位附近，A 箱体的中位线 C 所在区域则是股价整理的主要价位区，股价在 F 段的下跌中，只要跌破或接近 C 线位，即为可买区，而 A 箱体下沿的 D 线附近点位，则是箱体整理的低点，是最具价值的低位区，一旦在 F 轮下跌中跌破或是接近了 D 线，此时就进入了黄金买入区。如此一来，沈阳机床这只股票在 K 线图最右侧区域的 2024 年初，就成为极好的目标股。

这时不妨再从价格上进一步分析，C 线的价格大约是 5.8 元，基本上是周线的年线 240 周线的价格，为优买时的长线价格标准，也就是只要在周线上跌破了 240 周年线，即可买入股票。A 箱体下沿 D 线的价格约为 5.25 元，明显在周年线之下了，一旦股价跌破或接近该价格，则属于超跌价了，所以，这一价位尤其是在盘中出现瞬间跌破时，如 G 点的位置，就是最好的超跌低点买入点。

图1-5　沈阳机床周线图

这时就可以进入买股的分析和判断了，因为上一步已经观察判断出了优选买点为接近或跌破箱体中枢 5.8 元的第一优选买点和箱体下沿 5.25 元附近的超跌黄金买点，那么，接下来就是通过日线的持续观察去等待买入时机了。

如图 1-6 沈阳机床日线图所示，股价在持续下跌中，当 B 区域出现以 1 分之差接近 A 区域时，原则上即已构成了优选买点，激进的投资者可短线介入，但对于一阳指战法而言，因无一阳指形态出现，还是应继续观望，在其后的 C 区域股价再次震荡跌破了 5.8 元，在行情上已属于一种破位下行的极弱状态了，而进入了 D 区域，股价到达了箱体下沿的 5.25 元低点，并出现大量买盘，股价止跌回升，形成了明显的一阳指买入形态，应及时买入。其后股价持续上涨，为持股状态，到了 E 区域，又出现了明显的中冲剑形态，应及时卖出股票。

从图 1-4 到图 1-6 关于选股形态的分析与判断，其后买股时机的分析与判断，持股过程中持股与否的分析与判断，以及 E 区域卖股时机的分析与判断，就是一阳指战法技术操盘的所有内容。

图1-6　沈阳机床日线图

注意事项：

（1）一阳指战法所包含的一些技术层面的内容，主要是体现在了选股、买卖股票、持股与否的技术分析与判断上，这些内容实用性极强，投资者一定要通过学习一一掌握。

（2）在一阳指战法中，还有许多看似关联不大的内容，比如股价趋势的分析方法、实战攻略的内容，这些看似与一阳指战法的技术内容不相干，事实上却是在使用一阳战法技术时所必须依赖的内容，所以同样要予以重视。

1.2　战法运用与趋势的关系

1.2.1　识别趋势是运用一阳指战法的关键

在一阳指战法中，有效识别出当前的趋势是十分关键的，因为在当前的 A 股市场上，散户投资者只能做多盈利，即买入股票后通过股价上涨而获得收益，无法做空股票赚钱。而一阳指战法又是在趋势反转时买入股票的一种操盘方法，赚的是股价短期趋势突变时的一段反弹行情价差，因此，有效识别出趋势不仅是选股的关键，更是买卖股票的重要依据。

实战案例：

如图 1-7 所示，在南京公用（000421）周线图上，在根据一阳指战法选股期间，图中 A 区域处于持续下跌后的弱势震荡趋势，是符合一阳指战法选股要求中的中长期弱势震荡整理形态的，所以，可以将其列为目标股，持续观察。

图1-7　南京公用周线图

再从买卖点判断上看，如图 1-8 南京公用日线图所示，在 A 区域出现了明显的一阳指形态，为买点，其后趋势快速反转向上，此时买入股票，后市方有获利的可能。到了持续上涨的 B 区域，形成了明显的中冲剑形态，说明趋势已转为快速下跌，应果断卖出股票，以获得持股收益。

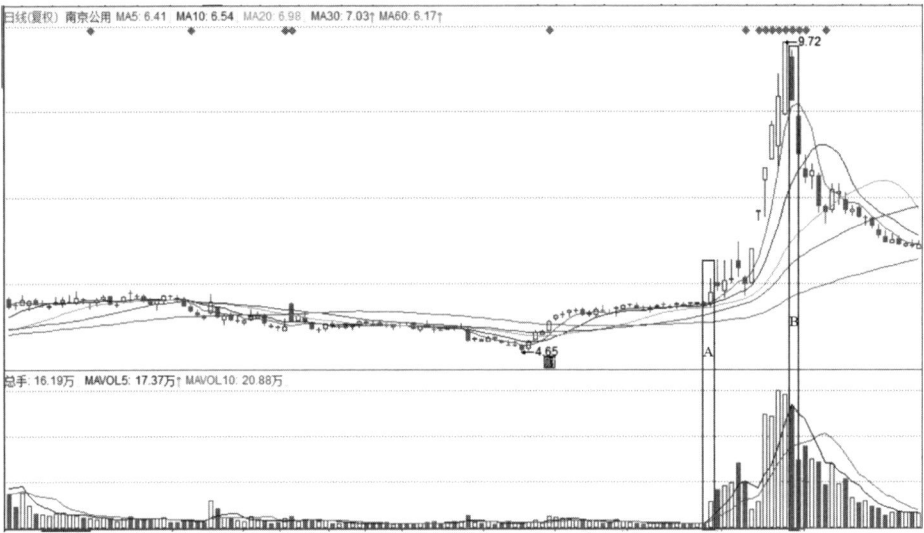

图1-8 南京公用日线图

由以上可见，趋势在一阳指战法中占据着重要的地位，尤其是趋势反转，它对于买卖形态的判断，往往起着更为关键的辅助判断作用。

注意事项：

（1）虽然在一阳指战法中，尤其是在判断买卖点时，我们更多的只是介绍股票的买卖形态，但事实上，这些买卖形态都是从短期趋势快速转变时的特征出发而总结出来的，因此，明趋势，才能真正学好一阳指战法。

（2）趋势的识别，在选股期间更为重要，因为如果认不清目标股的趋势状况，后续就无法准确判断出一阳指的买入形态。这也就是为什么市场上经常讲"线乱不看"，因为当你看不明白一只股票的趋势演变时，是无法准确把握和预估其趋势涨跌走势的。所以，当看不明白一只股票的趋势时，就不能去操作这只股票。

1.2.2 不同趋势下的不同操盘理念

从趋势发展的角度讲，不同趋势状态下的股票，尽管从形态上观察，当趋势转强时，几乎都会呈现出一阳指形态或变形一阳指形态，但是，同样是买入一只股票，不同趋势下的操盘理念是不同的，这主要体现在选股阶段。

在一阳指战法的技术选股中，有长期弱势震荡整理和短期弱势震荡整理两种形态，其分别对应的趋势是大为不同的。如长期弱势震荡整理类的股票，往往正处于弱势磨底阶段，时间或许更长，甚至还有可能继续下跌探底，其趋势是极弱的，所以，这类股票在出现一阳指买入形态后，只能按照抢反弹的思路来操作，风声一旦不对，马上获利了结；而短期弱势震荡整理类的股票，往往是前期处于上涨初期的股票，在经过一定幅度的上涨后，出现短暂的获利回吐，所以，股票呈现出弱势下跌或震荡整理形态，时间往往是较短的，对于这类股票，一旦出现了一阳指买入形态，其后往往是一段主升浪行情，短期股价快速上涨的时间往往较长，幅度往往较为可观，在卖股时机上，虽然同样是以中冲剑形态来判断，但是在日线上表现为上涨趋势快速转下跌趋势的初期形态。

因此，不同趋势下的一只股票，虽然判断和分析都是基于一阳指战法中的买卖股票形态，但操盘的理念是完全不同的。

实战案例：

如图 1-9 所示，长虹美菱（000521）日线图在 A 区域表现为大幅下跌后的长期弱势震荡整理形态，在其后的 C 区域，出现了一阳指买入形态，买入后应以抢超跌反弹的思路来操作，一旦其后的 E 区域出现了中冲剑卖出形态的迹象时，就应果断卖出股票。但是，若在其后 B 区域股价出现持续短期的弱势下跌整理，D 区域再现一阳指买入形态时，才买入这只股票，此时股价的趋势在 E 区域短暂下跌后继续上涨，说明 C 区域到 E 区域并非只是反弹，而是形成了趋势的反转，那么 B 区域的持续下跌的弱势，则完全是上涨趋势中出现的短期调整趋势，所以，只有其后整个涨势在 F 区域形成了并不十分明显的中冲剑卖股形态，但却形成了量价上的高位滞涨，起码说明股价的上涨已告一段落时，方可卖出股票。这就是不同趋势下的不同操盘理念。

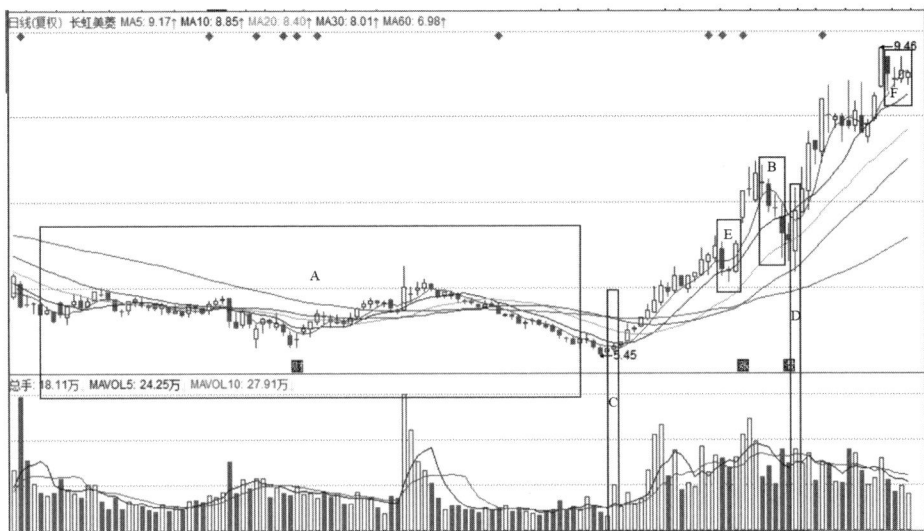

图1-9　长虹美菱日线图

注意事项：

（1）在一阳指战法中，不同趋势下的不同操盘理念，主要体现在选股时的趋势状态上，因这两种不同的选股技术形态对应的是完全不同的两种趋势，所以操盘理念也是不同的。

（2）在一阳指战法选股的两种趋势形态中，长期弱势震荡整理属于一种主要趋势的表现形态，而短期弱势震荡整理则是上涨趋势下的一种短期调整下跌趋势，为次要趋势，一旦结束，是会直接恢复上涨趋势的。因此，在不同的趋势下，操盘理念是不同的，实战期间一定要分别对待。

1.3　主要的买卖形态

1.3.1　两类买入股票的技术形态

一阳指战法的买股形态主要包括两类：一是一阳指形态，二是变形一阳指形态。

一阳指形态是指股价在弱势下跌的过程中，突然一日，在快速下探后出现了快速回升，成交量也表现为明显高于前一根成交量柱水平的放大阳量柱的形态。

变形一阳指形态，是指股价在弱势下跌的过程中，突然一日，股价不再下跌，持续出现了上涨阳线，通常是三根左右，且成交量柱也表现为持续放量状态的阳量柱的形态。由于这种形态出现时，虽然说明趋势已在转强，但转强的速度并不一定就弱于一阳指形态，只是形态上略有不同，所以叫变形一阳指形态，若是将几日的成交量与上升 K 线各自累加在一起，其量价齐升状态并不弱于一阳指形态。

因此，无论是一阳指形态，还是变形一阳指形态，均是趋势转强时的一种买入股票的技术形态。

实战案例：

（1）如图 1-10 万泽股份（000534）日线图所示，股价在持续下跌的弱势中，进入了 A 区域，并在快速下跌创出 8.56 元的新低后，开始快速放量回升，收于一根长阳线，成交量也表现为一根明显放量的大阳量柱，形成了一阳指买入形态，应及时买入股票。

图1-10　万泽股份日线图

（2）如图 1-11 华金资本（000532）日线图所示，股价在快速大幅下跌中，进入了 A 区域，并在创出新低 9.11 元后，开始快速回升，成交量依然保持着当时的量能水平，但持续三个交易日均保持着这种温和放量的上涨，K 线也出现了小阳线持续上涨，形成了变形一阳指形态，此时应果断买入股票。

图1-11　华金资本日线图

注意事项：

（1）投资者在根据一阳指战法的两类买入形态买入股票时，如果整个市场都处于弱势状态，此时往往是多年难得一遇的大盘及个股的探底过程，买入交易时应结合当时的大盘状况决定买入时机，因为此时的多数股票，往往其探底回升的时机是会跟随大盘的趋势的，尤其是一些白马股或蓝筹股。

（2）若是在大盘处于常态的情况下个股出现了探底回升的一阳指买入形态，应主要结合个股的具体趋势演变而决定买入时机，如个股的探底是否探到了真正的底，所以，最好在选股环节多从周线甚至是月线来观察当前股价所处的位置。

1.3.2 两类卖出股票的技术形态

在一阳指战法中，卖出股票的技术形态主要包括两类：一是中冲剑形态，二是变形中冲剑形态。

中冲剑形态，是指股票价格在持续上涨的过程中，在 K 线上突然出现了一根上影线极长、实体较短的阳线或阴线，成交量表现为明显的阳量放大，但盘口主力资金以净流出为主，或是成交量表现为明显的大阴量。这两种情况只要出现，即为中冲剑形态。

变形中冲剑形态，是中冲剑形态的一种形态略变，是指原本是以量价齐跌垂直表现的中冲剑形态没有出现，而是以横向的方式出现了。这种形态主要有两种表现形式：一是 K 线以孕线的方式出现，量大量小均可；二是 K 线在创出高点后，持续震荡下行或平行，但始终未再刷新这一高点，量能往往表现为缩量状态。这两种情况只要出现，即可确认为变形中冲剑形态。

无论是中冲剑形态，还是变形中冲剑形态，只要出现，都意味着股价短期上涨的势头已结束，均应卖出股票。

实战案例：

（1）如图 1-12 中绿电（000537）日线图所示，股价在创出新低 7.84 元后的反弹过程中，进入了 A 区域，A 区域左侧的一根 K 线为上影线极长、实体极短的阳线，成交量为一根持续放大的近期最高阳量柱，但盘口主力资金却是净流出的，形成了明显的中冲剑形态，低点时买入股票者应果断卖出。

如图 1-13 宏辉果蔬（603336）日线图所示，股价在创出 3.05 元新低后，出现了一阳指买入形态，在其后的反弹过程中，当进入 B 区域后，突然出现了一根快速冲高后又快速回落的中阴线，成交量为阴量明显放大，当日即应根据盘口主力资金流出的状态，果断卖出股票。

（2）如图 1-14 华映科技（000536）日线图所示，股价在 A 区域创出近期新低的反弹过程中，当进入了 B 区域后，股价出现小幅震荡下行，K 线表现为三根小阴线缓慢下行，成交量为阴量持续缩减，形成了变形中冲剑形态，应果断卖出股票。

图1-12 中绿电日线图

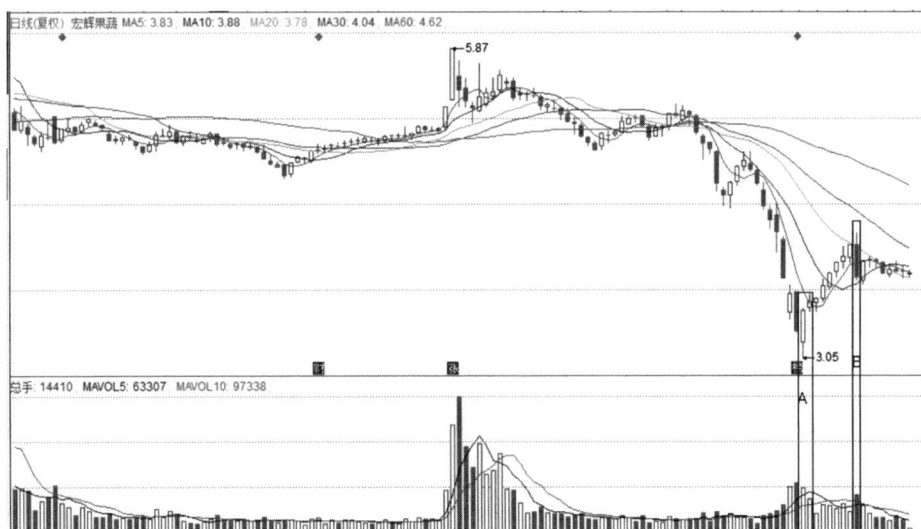

图1-13 宏辉果蔬日线图

如图 1-15 新和成（002001）日线图所示，股价在弱势中于 A 区域形成了一阳指形态后，在持续反弹的过程中，当进入了 B 区域后，在高位先是出现了一根大阴量阳线，其后又出现了一根缩量上涨阳线，但这根阳线的高低点均在前一根阳线的范围之内，形成了孕线，虽然是阳线阳量的上涨表现，却符合变形中冲剑形态的要求，所以，A 区域的买入者应果断卖出股票。

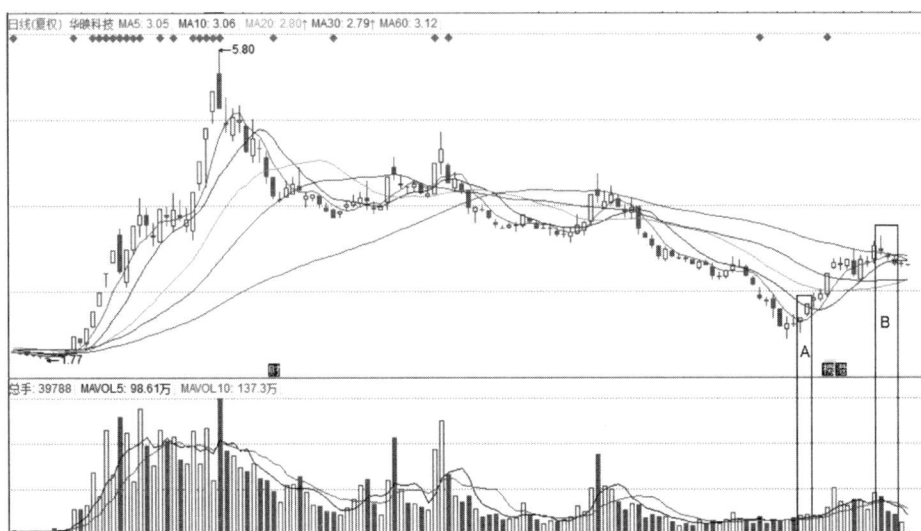

图1-14 华映科技日线图

图1-15 新和成日线图

注意事项：

（1）在一阳指战法的卖股技术形态中，主要包括两大类卖股形态：一是中冲剑形态；二是变形中冲剑形态。其中，每一种形态中又包含着多种不同的情况，投资者在学习时一定要认真分清。

（2）在中冲剑形态中，最明显的就是大阴线大阴量的放量下跌状态，这种情况，不管阴线是直接高开后大幅回落，还是低开低走的快速回落，均应果断卖出股票。而另一种情况属于隐藏的情况，因为从量价上表现为阳线的放大阳量上涨，但 K 线的上影线往往极长，且盘口主力资金以净流出为主，这时一定要结合盘口选择卖股时机。

（3）在变形中冲剑形态中，主要表现为阴量状态的 K 线持续小阴线或十字星下跌，但另一种孕线形态较为隐蔽，尤其是两根 K 线均表现为阳线，且成交量也表现为阳量时，很多投资者都会误认为是股价加速上涨前的停歇，但这往往是股价在高位下跌前上涨乏力的征兆。

1.4　实战意义

1.4.1　通过短期趋势突变寻找右侧之初的买入良机

投资者在根据一阳指战法实战前，一定要明白其在买入股票时，是在寻找股价的短期趋势突变向上初期右侧的交易时机。这是因为，一阳指战法本身就是一种类似于短线抢反弹的操作，看重的是股价短期的快速转强的买入时机。而股价在由弱势转强时，若是在强势明显后再买入，往往就失去了先机，因为若是弱势反弹行情，则极有可能反弹已至中期，行情即将变弱，这会让获利变得困难，增加了操作难度。若是上涨趋势中短期走弱后的转强，一旦明显转强，有可能是一段快速上涨的行情已拉开，难以参与。因此，在根据一阳指战法实战期间，一定要明白，一阳指战法，就是寻找股价短期趋势突然变强初期的最佳买入时机，若是抓住了，则这一段弱势转强行情的收益就会在短期内轻松获得。

实战案例：

如图 1-16 伟星股份（002003）日线图所示，当股价在短期弱势明显下跌后，进入 A 区域，先是出现了几个交易日的横盘小幅震荡，接着出现了一根中阳线的明显上涨，且成交量期间一直保持着持续的放量状态的量价齐升，形成了一阳指形态，应果断买入股票。这种寻找 A 区域弱势下跌末端趋势突变时的右侧向上转强初期的方法，就是一阳指战法买入股票时的一种实战技术。

图1-16　伟星股份日线图

注意事项：

（1）投资者在根据一阳指战法实战期间，一定要牢记，一阳指战法实际上就是在寻找弱势股票突然转强初期所显现出来的股价快速回升征兆的方法，这也就决定了，一阳指战法看似是在抄底买入，实际上却是在转强初期买入。

（2）当股价短期弱势趋势突变时，为趋势变强初期，此时的股价转强之初的判断，从根本上说就是量价齐升的突变，即一阳指战法买入股票时的两种形态：一阳指形态与变形一阳指形态。

1.4.2 通过趋势变弱判断卖出获利时机

在根据一阳指战法实战前，投资者一定要明白，一阳指战法的卖出股票操作，是根据股价在短期趋势突然变弱的初期征兆出现时而选择的卖出股票的操作，而不是在趋势明显变弱时再卖出。这是因为，股价在一段或长或短的上涨行情中，一旦短期出现了变弱，只要这一短期弱势特征明显，则往往意味着一轮趋势的弱势即将开始，尽管有时这种弱势只是上涨趋势中的一种调整，但一阳指战法是一种短线操盘技术，看重的往往是股价一小段上涨行情的利润，所以，只要是股价的短期趋势变弱了，投资者就应及时卖出股票，锁定利润。

实战案例：

如图 1-17 精工科技（002006）日线图所示，若 A 区域投资者根据一阳指战法买入了这只股票，在其后的持股过程中，一旦发现股价在持续上涨行情中进入了 B 区域，出现了一根上影线极长、实体较短的阴线，成交量为大量状态下的一根阴量柱，形成了明显的中冲剑形态，就说明股价的上涨趋势出现了明显的量价齐跌的突然变弱。因此，投资者应在中冲剑形态形成的当日，即趋势转弱初期，果断卖出股票。这就是一阳指战法在趋势由强转弱初期的卖股时机判断的情况。

注意事项：

（1）投资者在根据一阳指战法实战卖股时，一定要在趋势由强转弱的初期选择卖出股票，因为在这一时间趋势才刚刚转弱，价格下跌的幅度尚不大，能够更多地保住收益。

（2）趋势由强转弱初期，即是一阳指战法中的卖股时机的判断，也就是中冲剑形态及变形中冲剑形态两类卖股形态中的相关情况，投资者必须事先一一进行了解，并熟悉其判断的关键，以便在实战期间能够第一时间准确地判断出其形态，做出卖股决定。

图1-17　精工科技日线图

1.4.3　准确把握买卖时机是获利的关键

投资者在根据一阳指战法实战前，一定要明白一阳指战法在交易时的一个关键，那就是及时把握住短期的买卖时机。这是因为，一阳指战法不同于其他中长线投资技术，对于后者来说，晚一步交易并不会受到什么影响，因其看重的是股价未来的中长期趋势的强势。但一阳指战法却是一种短线交易技术，无论买卖交易，讲求的自然是一种对买卖时机的把握，因为这种时机的出现，往往是极为短暂的，多数时候都是在一个交易日内必须做出选择，否则就会错过最佳的买卖时机，而一旦错过了最佳的买卖时机，则势必会为其后的获利增加负担，因股价短期强势（弱势）的时间是难以捉摸的，有时只有短短的三五个交易日。因此，为了让收益能够尽量最大化，投资者不仅要在买入时机到来时及时把握住，还要在卖股时机到来时果断卖出股票，这样才能达到收益最大化。

实战案例：

如图 1-18 大族激光（002008）日线图所示，当股价在持续下跌中进入 A 区域时，投资者就要及时注意其变化，股价在 A 区域内左侧形成一根长阴下跌后，右侧突然出现一根明显回升的光头中阳线，成交量表现为一根略缩量状态的较长阳量柱，虽未放量，但可明显看出当日股价出现快速涨停，因此为趋势快速转强初期的最强量价齐升的一阳指形态，投资者应果断在当日涨停前买入股票。而在其后的持股过程中，股价一旦进入 B 区域，并在 A 区域内左侧阳线刷新高点后出现持续小幅震荡下行，价格再未刷新高点，成交量也保持持续缩量，为明显的中冲剑形态，这说明短期趋势已开始变弱，投资者应及时卖出股票。这种在 A 区域买入股票与 B 区域卖出股票的行为，就是根据一阳指战法及时把握趋势突变初期买卖时机的交易，也是短期获利的关键。

图1-18　大族激光日线图

注意事项：

（1）投资者在根据一阳指战法买入股票时，一定要在趋势由弱转强初期形成一阳指形态或变形一阳指形态时，及时买入股票，这样才能为其后的获利奠定基础。

（2）投资者在买入股票后的持股过程中，也一定要及时观察是否出现了中冲剑形态或变形中冲剑形态，以确认是否出现了趋势的突然由强转弱，以便及时卖出股票锁定收益。

第 2 章

实战攻略：
一阳指战法操盘盈利的基础

操盘盈利的关键，往往在于你事先所制定的操盘策略、交易原则、交易纪律、仓位管理和操盘步骤等是否合理，投资者是否都已熟练掌握。因为这些内容，都是指导投资者如何去根据交易方法实现规范交易、正确交易的，可以说是贯穿在投资者交易中的各个环节，投资者必须事先做到充分了解，实战时才会拥有打胜仗的基础。

2.1　操盘策略

2.1.1　小波段持股策略

投资者在根据一阳指战法实战前，一定要首先明白其小波段持股策略，因为这一持股策略是一阳指战法的主要持股策略，而持股策略直接决定了其在买卖股票时的时机选取和持股策略等，决定了投资者最终在操作一只股票时，是主要依靠什么来赚取什么样的收益。而小波段持股，则是指投资者持股的时间往往不会过长，一般持股在三五个或七八个交易日，只要股价表现为上涨乏力，就要果断卖出股票。这种持股策略，就是一阳指战法的小波段持股策略。

实战案例：

如图 2-1 新能泰山（000720）日线图所示，若投资者选定了这只股票为目标股，在观察中发现，股价在出现了持续大幅的下跌后，一进入 A 区域，先是出现了一根下降阴线，接着却出现了一根中阳线的量价齐升，形成了一阳指形态，应果断在当日收盘前买入股票。其后的持股中，一旦股价进入了 B 区域，在量能突然放大的情况下，虽然两个交易日内趋势均表现为阳线阳量的上涨，但 K 线形成了明显的抱线形态的变形中冲剑形态，说明短期趋势已快速变弱，应及时卖出股票。这种在 A 区域买入到 B 区域卖出的操作，其间仅仅持股了五个交易日，即为在一阳指战法中的小波段持股策略下的一次短线交易，获利可达 30% 左右。

注意事项：

（1）投资者在根据一阳指战法实战前，首先一定要了解这种日线级别的小波段持股策略，因为是短线交易，注定了持股不会过长，通常在 3~8 个交易日，这种持股策略是一阳指战法操盘的一种常态持股状态。

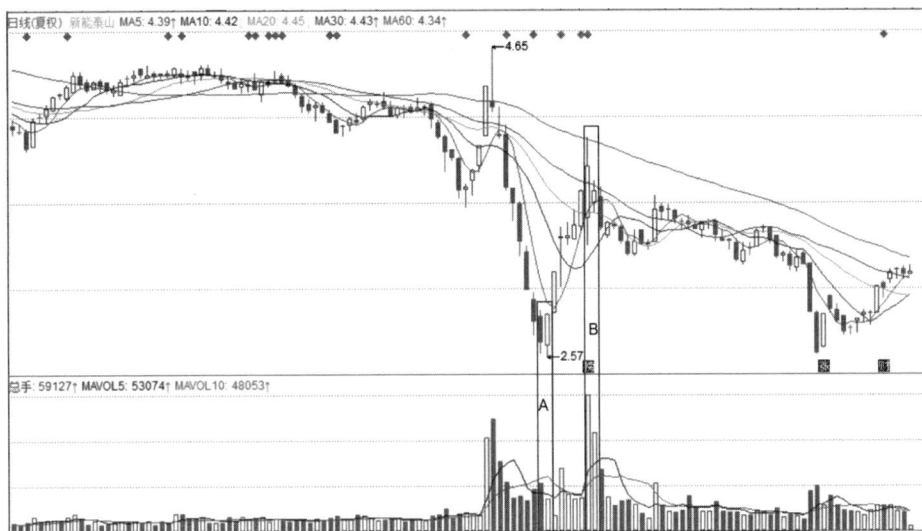

图2-1　新能泰山日线图

（2）在一阳指战法小波段策略下，投资者一定不要以持股时间的长短为依据，因持股的时间长短不是可以事先规划和预估的，而是要根据股票的实际走势来决定，因此，在了解了小波段持股策略后，还要了解一阳指战法的另一个操盘策略——中小波段持股策略。

2.1.2　中小波段持股策略

中小波段持股策略是一阳指战法的另一个持股策略，是对小波段持股策略的一种补充，因为一旦弱势反弹行情转变为上涨趋势，则往往意味着行情在时间与力度上的持续会加大，这时的持股就要采取时间略长的中小波段持股策略了。此时的持股时间较小波段持股策略的时间会略长，一般在十几个交易日，但通常不会过长。因为这类趋势直接由弱势反转为上涨趋势的股票，一旦出现持续上涨后的明显短期快速调整，则必须果断卖出。即便是趋势已转强，但短期趋势弱了，无法在短线获利，就要中止持股，果断卖出股票，即便是后市再次转强，则是另一轮一阳指战法的小波段操作了。

实战案例：

如图 2-2 天奇股份（002009）日线图所示，若投资者选择了这只股票为目标股后，在持续的观察中，一旦发现在持续下跌的 A 区域出现了量价齐升的一阳指形态后，就应及时买入股票，在其后的持股中，当股价进入了 B 区域后，发现形成了量价齐跌的中冲剑形态，应果断卖出股票，即便此时发现趋势可能已转强，B 区域只是主力的一次快速洗盘，但依然要卖出，且在此期间持股 9 个交易日，获利已近翻倍，因此应卖出股票，而其后股价在 C 区域再次形成一阳指形态的止跌回升时，可再进行买入操作。这种操盘方法，就是在一阳指战法的中小波段持股策略下的交易方法。

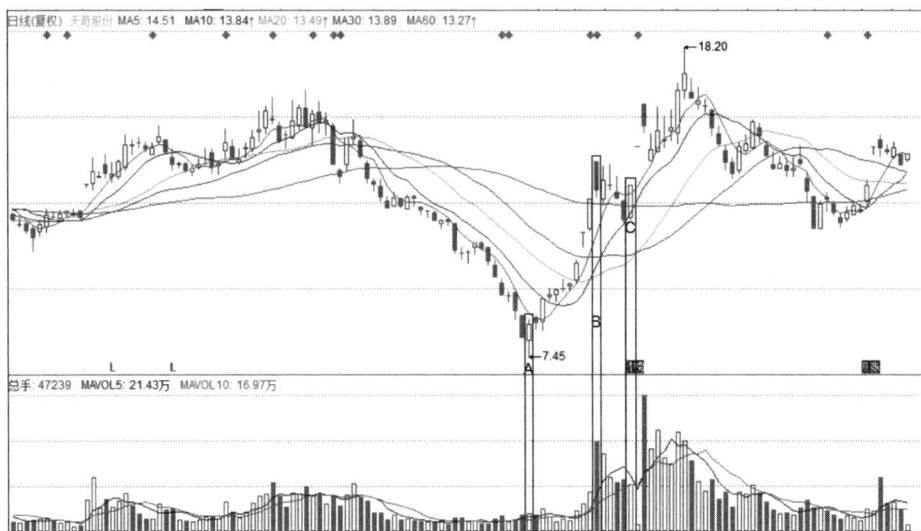

图2-2　天奇股份日线图

注意事项：

（1）中小波段持股策略，相对于小波段持股策略而言，持股时间理论上会略长，但这并非绝对的，因不少股票在由弱转强初期，会表现为反弹变反转的持续走强，或直接启动，因此，投资者应根据具体的股价走势来确定具体的卖股时机。

（2）通常而言，中小波段持股策略下的持股时间一般在十几个交易日，但也不一定，有的股票在弱势反弹中即便不出现反转，其反弹的时间和高度也会较大，所以，持股时间的长短不是执行这一持股策略的关键，关键在于持股不出现趋势的突然变弱，即可安心持股，否则就应卖出。

2.2　交易原则

2.2.1　在选股的基础上进行交易

投资者在根据一阳指战法交易前，一定要先了解其交易原则，因为交易原则是指导投资者做出正确交易的根本，如在选股的基础上进行交易的原则，就是要求投资者在买入股票时，必须确保即将买入的股票是通过严格的选股程序后确认的符合要求的目标股。这也就意味着，投资者对于观察的所有股票，都不能是随机选定的，哪怕是经过快速判断后发现其是符合一阳指战法选股要求的，也要尽量回避，因短时的观察，很容易让投资者忽略了其中的某一方面，如果进行交易，很容易出现大的错误判断，导致投资失败。而股票投资应遵循一定的技术要求，投资者万不可过于随意，应严格遵守是在选股的基础上进行交易的原则，只有这样才能真正通过交易获得收益。

实战案例：

如图 2-3 永新股份（002014）日线图所示，若是投资者在 A 区域因出现量价齐升的一阳指形态而买入了这只股票的话，则必须确保这只股票是事先经过了严格的选股后确认符合条件的股票，即符合图 2-4 中的技术选股与图 2-5 中的基本面选股的要求。

如图 2-4 永新股份（002014）周线图所示，B 区域表现为趋势转强后的长期弱势震荡行情，符合技术面选股中的长期弱势震荡的形态要求。

图2-3 永新股份日线图

图2-4 永新股份周线图

如图 2-5 永新股份在个股资料内的财务分析所示，这只股票连续三年净利润、基本每股收益和净资产收益率均保持着良好状态，为业绩优秀的上市公司，符合基本面选股的要求。

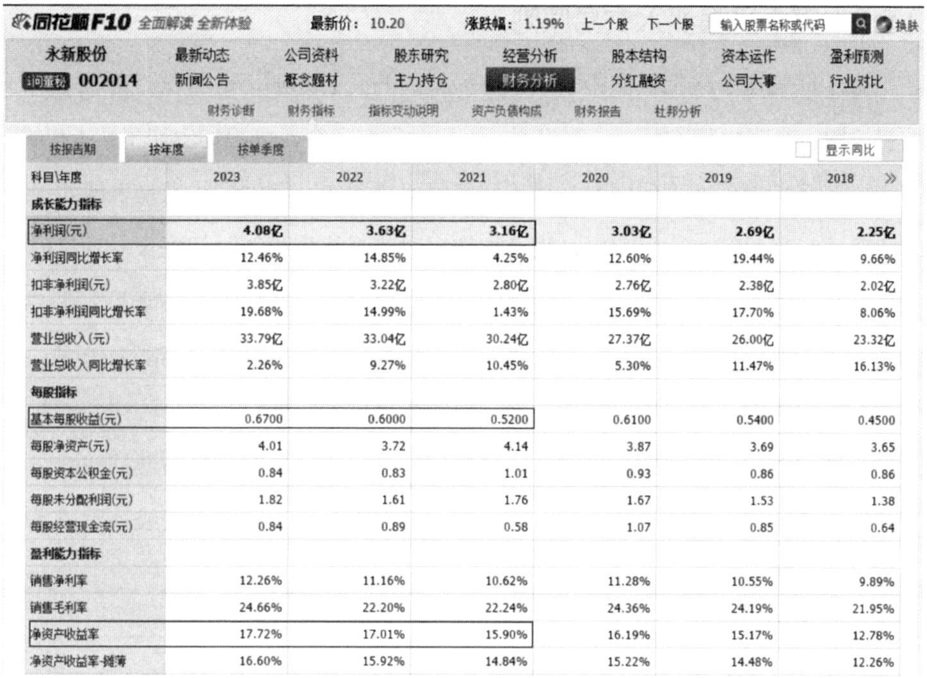

科目\年度	2023	2022	2021	2020	2019	2018
成长能力指标						
净利润(元)	**4.08亿**	**3.63亿**	**3.16亿**	**3.03亿**	**2.69亿**	**2.25亿**
净利润同比增长率	12.46%	14.85%	4.25%	12.60%	19.44%	9.66%
扣非净利润(元)	3.85亿	3.22亿	2.80亿	2.76亿	2.38亿	2.02亿
扣非净利润同比增长率	19.68%	14.99%	1.43%	15.69%	17.70%	8.06%
营业总收入(元)	33.79亿	33.04亿	30.24亿	27.37亿	26.00亿	23.32亿
营业总收入同比增长率	2.26%	9.27%	10.45%	5.30%	11.47%	16.13%
每股指标						
基本每股收益(元)	0.6700	0.6000	0.5200	0.6100	0.5400	0.4500
每股净资产(元)	4.01	3.72	4.14	3.87	3.69	3.65
每股资本公积金(元)	0.84	0.83	1.01	0.93	0.86	0.86
每股未分配利润(元)	1.82	1.61	1.76	1.67	1.53	1.38
每股经营现金流(元)	0.84	0.89	0.58	1.07	0.85	0.64
盈利能力指标						
销售净利率	12.26%	11.16%	10.62%	11.28%	10.55%	9.89%
销售毛利率	24.66%	22.20%	22.24%	24.36%	24.19%	21.95%
净资产收益率	17.72%	17.01%	15.90%	16.19%	15.17%	12.78%
净资产收益率-摊薄	16.60%	15.92%	14.84%	15.22%	14.48%	12.26%

图2-5　永新股份个股资料财务分析

因此，永新股份在图 2-3 中 A 区域 2024 年 2 月 6 日时的买入操作，是完全符合图 2-4 与图 2-5 中技术选股与基本面选股的要求的，属于符合选股要求的目标股。而图 2-3 中 A 区域的买入股票行为，就是在选股基础上进行的，是完全正确的。

注意事项：

（1）投资者在买入股票时，之所以必须确保是在选股基础上进行交易，就是为了确保目标股的操作安全性，因近年来证监会持续规范上市公司，投资者尤其要注意上市公司的退市风险，所以，一阳指战法中的买股操作，绝不仅仅是对买入形态的判断，而需从多个方面多个角度考量。

（2）按照在选股基础上进行交易的原则实战时，投资者不可忽略目标股的一阳指形态或变形一阳阳形态，因再符合要求的股票，若是无法达到买入要求，也是不可以买入的。

2.2.2　强中择强买入交易原则

强中择强是一阳指战法中一条买入股票时的交易原则，是指投资者在对选好的目标股进行观察和判断买入时机时，一旦发现有多个目标股均出现了买入良机，一定要选择其中短期表现更为强势的那只股票来操作。因为短线越是表现为强势的股票，在其后的上涨行情中，股价往往短时的强势持续的时间更长，且其短期的涨幅也更为可观。因此，强中择强的买入交易原则，实际上是遵循了优胜劣汰的人类生存法则所制定出来的，因为只有表现得越优秀，或是生存能力越强，其生命力才会更为顽强。炒股亦然，当一只股票表现为短期极强时，往往会出现短时的快速涨停，或明显的量价齐升，涨幅也较为可观，其在趋势发展的惯性作用下，自然会持续短线的强势上涨。因此，强中择强几乎是所有中短线炒股技术中通行的一条买入原则。

实战案例：

如图 2-6 东信和平（002017）日线图所示，若投资者在观察中发现，在 2024 年 4 月 17 日，即图 2-6 中的 A 区域，这只股票出现了一根光头光脚阳线的回升，但并未涨停，虽量能未明显放大，但形成了一阳指形态，在当日打算买入股票前，一定要再看看其他的目标股票中是否出现了同样的买入形态。

图2-6　东信和平日线图

如图 2-7 亿帆医药（002019）日线图所示，在 2024 年 4 月 17 日，恰好这只股票同样在 A 区域出现了放量明显的一阳指形态。

图2-7　亿帆医药日线图

综合以上两种情况，在 2024 年 4 月 27 日当日收盘前会发现，图 2-6 中的东信和平始终未出现快速涨停的迹象，且量能放大一般，而图 2-7 中的亿帆医药则表现为明显持续放量状态下的量价齐升的一阳指形态。因此，应在当日尾盘时买入亿帆医药这只股票。这种选择就是在强中择强买入原则指导下的结果。

注意事项：

（1）投资者在实战期间坚守强中择强的买股原则时，一定要确保所观察的目标股均形成了　阳指形态，此时方可在其中选择量价齐升状态明显的强势股票来买入，若是不符合一阳指形态时，则坚决采取不买。

（2）要想做好强中择强，投资者就必须对所有的目标股，均保持日日观察，尤其是在发现一只股票形成了一阳指形态时，只要未表现出极强的快速冲击涨停的状态，就应再快速观察一下其他目标股的情况，以做出强弱的选择。

2.2.3　弱势必出的卖出交易原则

弱势必出是一阳指战法中一条重要的卖出股票交易原则，是指当买入一只股票后，一旦在持股过程中发现这只股票形成了弱势，就一定要果断中止持股卖出股票。这是因为，一阳指战法本身就是一种短线操盘技术，若是股价在短线上表现为变弱时，就要及时做出反应了，因为再持股的风险就会大幅提升，一旦这种弱势持续的话，则收益必然会大幅缩水。因此，弱势必出是一阳指战法实战中一条重要的卖股原则。但投资者也不要反应过于激烈，只要看到盘中出现了风吹草动就草木皆兵，赶紧卖出股票，一定要等到股价出现了短线快速转弱的中冲剑形态或上涨乏力的变形中冲剑形态时，方可确认股价短期的弱势，这时再及时卖出股票即可。

实战案例：

如图 2-8 科华生物（002022）日线图所示，若是投资者在 A 区域根据一阳指形态买入了这只股票，在其后的持股过程中，股价一直在小幅震荡上行，一旦进入 B 区域，发现股价形成了上影线极长、实体较短的 K 线后，股价重心持续下行，成交量为放量阳量后的明显缩量阴量，为变形中冲剑形态，表明股价进入短期上涨乏力的弱势走势，因此，应果断卖出股票。这种卖出行为，就是在弱势必出的卖股原则指导下的交易。

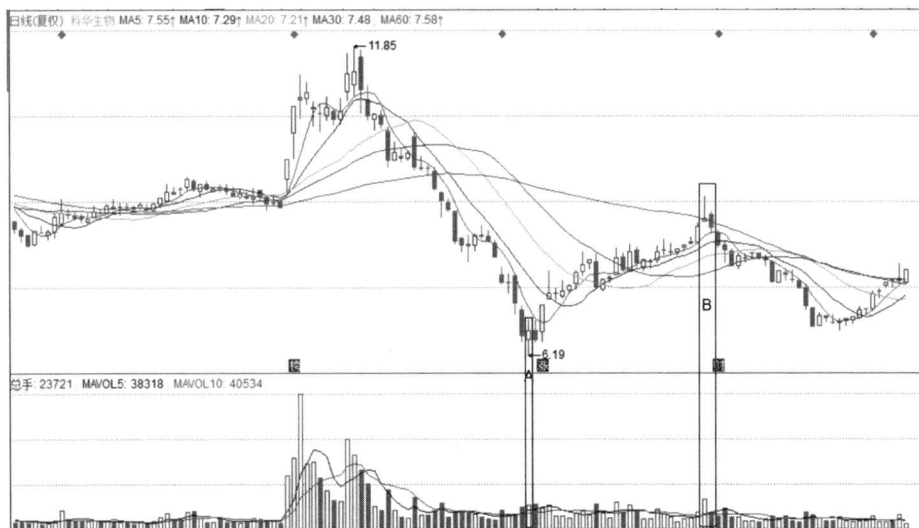

图2-8　科华生物日线图

注意事项：

（1）弱势必出的卖股原则，并非股价只要一表现出弱势就要卖出，因为如果这样的话，只要盘中股价一向下波动就要卖出根本是无法获利的，因此，判断其"弱"，就是要形成中冲剑或变形中冲剑形态。

（2）若是投资者发现持股形成了中冲剑或变形中冲剑形态，表明股价已处于弱势，就不应再犹豫持股，而应果断卖出股票，即便其后股价快速回升，只要未达到一阳指形态要求，也不可再买回来。

2.2.4　现价交易原则

现价交易是一阳指战法中一条重要的交易原则，因为投资者只有在行情到来或结束时，及时以市场价格进行相关的买入或卖出股票的操作，才能完成正常的交易。否则，即便是再好的技术，若是无法在时机到来时果断达成交易，则同样是难以获利的。因买入时无法完成买入，则势必会错过一段行情，次日买入也会增加持股成本；若是卖出时未及时达成交易，则此时股价已转弱，下一交易日再出手时，可能股价会出现再次的弱势下跌，大幅降低收益，极端情况下，遇到弱势跌停则无法卖出股票，损失更大。因此，投资者在实战期间，一定要遵守现价交易原则。

现价交易的方法，并不是炒股软件上显示的当前股价，而是实际能够达成交易的价格，也就是投资者在提交委托单时，软件中自动显示出的委买时或委卖时的价格，这一价格，实际上就是买入时卖盘中委卖1显示的价格，卖出时买盘中委买1显示的价格。因为这两个价格是市场上真实存在的买卖挂单的价格，也就是说，只要是投资者按照这一要求去提交委托单，只要一提交，即刻就会在第一时间达成交易。

实战案例：

如图2-9海特高新（002023）日线图所示，若投资者在选中了这只股票为可操作的目标股后，一旦在 A 区域以一阳指形态形成买入股票时，应选择当时委卖1的价格委托买入。而若是在 B 区域形成中冲剑形态卖出股票时，则应以当时委买 1 的价格委托卖出。因为这种提交委卖与委买的方式，是以当时市场上委卖时买家中最高的价格、委买时卖家中最低的价格提交委托的，是一种一提交即会达成交易的行为。这种委托买卖的方法，就是在现价交易原则下的交易行为。

图2-9　海特高新日线图

注意事项：

（1）投资者在根据一阳指战法交易期间，一定要严格遵守现价交易原则，因为一阳指战法本身就是短线操盘技术，所以，必须以市场上最容易达成交易的价格进行交易，这样才能以最快的速度完成交易。

（2）现价交易不是指当时市场上的报价，而是委买时以最低的委卖 1 的价格为准，委卖时以价格最高的委买 1 为准，这样不仅可以即时成交，同时，也是以当时最为合理的价格达成交易，但必须在符合一阳指战法的买卖形态时方可进行相应的买卖交易。

2.3　交易纪律

2.3.1　不要频繁交易

很多投资者，尤其是那些入市不久的投资者，在看到盘中表现强势的股票出现时，都会产生一种兴奋，喜欢赶紧去买入，而一旦发现买入股票表现弱势时，就容易因懊恼而卖出股票，再去买入强势的股票，所以就会出现频繁交易的情况。殊不知，这种频繁交易是包括一阳指战法在内的所有短线操盘技术均十分忌讳的一种坏习惯，因为频繁交易往往体现的是投资者不够稳健的投资行为，是投资欠成熟的一种表现，其体现出的是投资者内心的一种躁动心理——冲动，受这种情绪影响的人，即便技术再好，也会出现判断上的失误，难以再冷静正常地去分析行情，势必会造成投资行为的屡屡失败。因此，投资者在根据一阳指战法实战期间，一定要严格遵守不要频繁交易的纪律。

实战案例：

如图 2-10 航天电器（002025）日线图所示，若投资者在 2024 年 4 月 15 日的 A 区域根据量价齐升的一阳指形态买入了这只股票，在其后数个交易日的 B 区域，发现股价并未上涨，而是出现了横盘震荡，若是感觉这只股票趋势并不强，而又在盘中看到了图 2-11 中的思源电气（002028），发现在 A 区域其股价表现为持续上涨的强势状态，于是卖出了图 2-10 中的航天电器，买入了图 2-11 中的思源电器。但买入后思源电器的股价只震荡上行了两日，即出现了快速持续下跌，若是投资者感觉股价又弱了于是卖出了股票，去追买其他的强势股，则并不能保证会获利。同时，思源电器这只股票在短时快速下跌后，又出现了持续上涨，投资者一定会因过早卖出而懊恼。而最初买的图 2-10 中的航天电器，只是在经过 A 区域后横盘震荡了数个交易日，即展开了持续的震荡上行走势，投资者同样未能获得收益。因此，投资者在根据一阳指战法实战期间，一定要严格遵守不要频繁交易的纪律，这样才能获得收益。

图2-10　航天电器日线图

图2-11　思源电气日线图

注意事项：

（1）频繁交易容易让人产生急躁情绪，而急躁又是股票交易中最忌讳的一种情绪，因为它会影响到投资者对行情的冷静、客观的判断，因此，实战期间一定要遵守不频繁交易的纪律。

（2）投资者要想做到不频繁交易，就要认真学习一阳指战法或其他任何一门技术，并持之以恒地实践下去，这样，了解的知识多了，投资心理就会越发稳定，因为交易时有法可依了，自然也不会急躁地去频繁交易了。

2.3.2　克服贪婪和恐惧

贪婪和恐惧是两种极端的情绪，也是在股票市场上经常会看到的两种散户情绪，比如在行情不好的熊市时，恐惧会占据几乎百分之九十的散户的投资者心理，所以往往会形成明明股市遍地是黄金的时期，反而出现了许多投资者不敢买的局面。而行情只要一好转，或是牛市时，贪婪又会成为散户投资者普遍存在的一种心理，明明股价已经出现了巨大的涨幅，却依然敢于在高位大举买入，其背后的心理就是贪婪，所以，许多散户都难逃大幅失利的结局。在 A 股市场，主力的思维都是反散户的，所以，散户要想在股市中获利，就必须克服贪婪和恐惧这两种人与生俱来的不良心理，这样才能更为冷静与客观地去观察和判断行情。因此，投资者在根据一阳指战法实战期间，一定要严格遵守不贪婪和不恐惧的纪律，理性去交易，才能最终获得收益。

实战案例：

如图 2-12 长虹华意（000404）叠加上证指数（000001）日线图所示，若是投资者在选股时选定了这只股票为目标股，在 A 区域左侧，股价保持持续下行的过程中，大盘出现持续下跌，且明显在 A 区域大盘（上证指数）已止跌回升了，但长虹华意却在当日创出新低 4.31 元，尽管形成了明显的一阳指形态，可以买入股票了，但投资者难免会恐惧，这只股票真的止跌了吗？这是不是意味着大盘的跌势依然未止？若是心存恐惧不敢买入，则必然失去了一次很好的短线良机，后市在股价持续回暖中若投资者依然顾虑重重，就会迟疑着始终不敢买，即便买了也会是在高位，而一旦股价上行到 B 区域创出了新高 8.43 元时，若发现此刻这只股票的趋势已明显转为上涨趋势，如果就此武断地以为这只股票在 B 区域出现了两根阳线阳量，说明涨势依然存在，贪婪地继续持股的话，却忽略了 B 区域刚好形成了抱线状态的中冲剑卖股形态，同时，即便是股价趋势为明显上涨，但从 A 区域底部 4.31 元算起，这只股票几乎翻倍，所以，中冲剑形态出现后再持股的短线风险已经很高了，果然其后股价出现了快速下跌。因此，投资者在实战期间，一定要遵守高位不贪婪和低位不恐惧的纪律，克服贪婪和恐惧心理，才能最终实现获利。

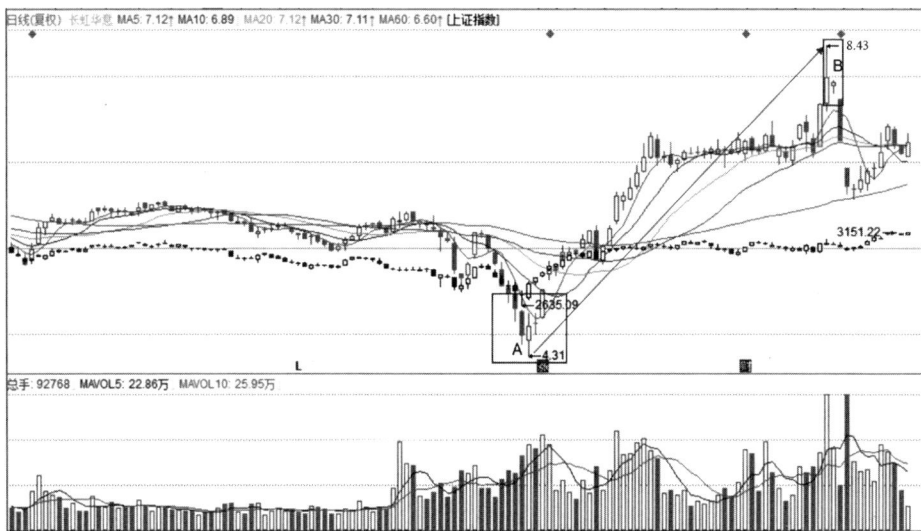

图2-12　长虹华意叠加上证指数日线图

注意事项：

（1）投资者在实战期间，一定要努力克服贪婪与恐惧两种心理，这两种心理主要表现在股价在低位区时的恐惧和在高位区时的贪婪，因在受这两种心理影响的情况下，很容易诱导投资者做出不明智的投资行为。

（2）贪婪和恐惧是投资者人性中深深存在的两种情绪，要想完全克服并非一日之功，所以，投资者一定要努力学习一阳指技术，只有技术掌握得更多，了解得更全面，在实战期间，才不会被市场的假象迷惑和左右。

2.3.3　不在最低点抄底

抄底是许多投资者都喜欢的一种买入股票的行为，因为成功抄底后，一旦股价转为强势时，收益会较为可观。殊不知，这种行为正是一种贪婪心理在作怪，因为从趋势演变规律来看，虽然有着强弱支撑的判断，可以确认一只股票的底部区域，但均是基于长线投资的，对于短线投资者而言，短线的底往往是不可预测的，只有股价从低点走出来后，才能确认这一低点是底。所以，投资者若是喜欢抄底，则往往会抄在一只股票下跌途中的半山腰，因为你没有从长线的角度来判断其强支撑在哪里，而股价在短线的涨跌中又是极为迅速的，尤其是当下跌趋势确立后，在弱势格局下，是很难改变这种弱势的，因为在股价承受向下压力的情况下，只要一有风吹草动，股价就会出现持续下跌。因此，投资者在根据一阳指战法实战时，一定要严格遵守不在最低点抄底的纪律。

实战案例：

如图 2-13 隆基绿能（601012）日线图所示，若从拉长的日线图上看，C 段左端的高点位于 2023 年 2 月 2 日创出的 49.08 元处，其后股价一直处于弱势下跌的趋势，若是投资者喜欢抄底买入股票的话，那到 A 区域股价几乎被腰斩过半且表现为震荡时，应该是个平台了，但若是投资者在此期间买入了股票，则后市股价又出现了震荡下跌，到 B 区域时，创出了 17.6 元的新低，与高点 49.08 元相比，跌去了近三分之二，那么这一低点就是最低点吗？从 C 段右端的 2024 年 5 月 9 日来看，日线图上是根本看不到任何支撑的。只能说明，要么是这只股票的业绩出现了极为恶化的情况，要么就是前期的涨幅过大了。因此，投资者在实战期间，一定要遵守不要轻易在最低点抄底的纪律，而要根据更长周期图的变化去判断一只股票的真正支撑在哪里，这样才能根据日线图上的变化去操作。

注意事项：

（1）在最低点抄底是多数投资者都喜欢做的一件事，尤其是那些业绩优良的上市公司，更容易被一些恶意的市场人士用来忽悠那些价值投资者。确实，大白马下跌是难得的"上车"机遇，但若是前期被市场过度炒作后的大白马，其股价早已被透支了若干年，一旦业绩跟不上，则很长时间内根本就不会存在丝毫的投资价值。因此，投资者必须严格遵守不在低点抄底的纪律。

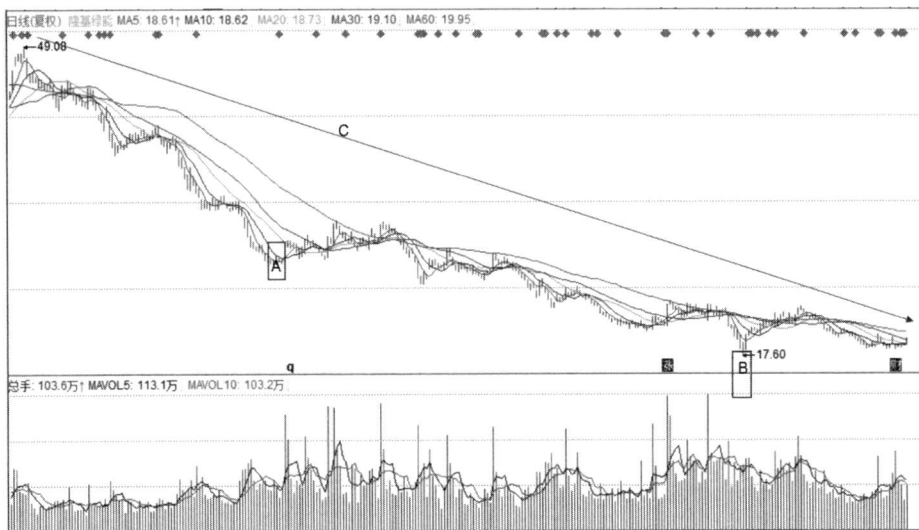

图2-13　隆基绿能日线图

（2）从股价运行规律来看，低点如果不走出来，只是创出了盘口近期的新低，是根本无法确认此低点即为"底"点的，即便是从更长周期图上来看，也是难以确认某低点即是底，而只能确认某一区域是长期投资的低点价值区。因此，投资者不可轻易在低点出现时去抄底，而要遵循一阳指战法的买入形态。

2.3.4　不全仓操作

全仓操作，就是指用账户内所能运用的资金，一次性地全部买入一只股票，然后又一次性地卖出股票。这种交易行为是一种不好的交易习惯，因为如此操作，很容易让人将股票投资误认为是一种一次性投资的赌博行为，把投资看作是押宝，运气好了，买入股票自然就会赚到钱，赔了自然是运气不好。长此以往，就会歪曲投资者的投资观和价值观，在如今的股市中，是很难获得收益的。因为股市在时代的变迁中已发生了很大的变化，退市几乎已成为一种常态，每年从股市中退市的上市公司都不少，若是投资者无法有效正确认识这一点，撞大运似的全仓去操作，很容易踩雷。因此，投资者在根据一阳指战法实战期间，一定要严格遵守不全仓操作的纪律。

实战案例：

如图 2-14 会稽山（601579）日线图所示，若是投资者根据一阳指形态在 A 区域买入股票时，因为十分看好这只股票，以全仓的方式一次性买入了，那么其后 B 区域突然出现的阴线较大阴量柱必然会令投资者担心，甚至是其后的数个交易日内，即盘中股价一旦震荡走低或波动加大时，同样会令人担心，这种心理会无形中影响到投资者对行情的判断，患得患失，甚至是影响到投资者的持股心理，做出错误的卖出行为，使收益大幅减少。因此，投资者在实战时一定要遵守不全仓操作的纪律，这样反而能够更清楚地看清这只股票的走势，比如在 B 区域甚至以后的震荡走低时，不是考虑是否卖出股票，而是选择加仓，因为趋势在反弹中变为反转了。

图2-14　会稽山日线图

注意事项：

（1）全仓操作很容易让投资者产生一种一次性买卖的赌博心理，影响到正常的技术投资心理与行为，所以是一种不良的习惯，因为股票投资不是资金越多收益越大，而是在对的时间买入和卖出所收益的股价涨幅比例，必须克服全仓操作这种不良习惯。

（2）投资者要想做到不全仓操作，必须认真学习一阳指战法的所有技术，尤其是仓位管理的方法与策略，这样才能更为合理地制定出正确的操盘方法，合理地利用好自己有限的资金，争取通过科学的方法，获取最大的利润。

2.3.5　交易失败要及时止损

投资者在根据一阳指战法实战期间，一旦买入一只股票后，发现股价并未止跌回升，而是在持续下跌时，说明投资者的判断出了问题，应果断卖出股票止损，待股价真正企稳后再买入股票。之所以要这样操作，是因为若是投资者判断出现了失误，则说明股价的短期趋势并未回升变好，那么弱势会继续，其后股价的跌幅是难以预测的，必须及时从中撤出来，否则很容易被深套。因此，投资者在操盘期间，一定要严格遵守交易失败要及时止损的纪律。但是有一种情况，投资者是不用进行止损操作的，那就是弱势中出现单针探底后的双针探底时，或是在一阳指形态后出现的看似下跌实为横盘震荡的假摔阴线，这时同样不要轻易止损交出手中廉价的筹码，因这多为主力的一种诱空行为，只要假摔过后股价重心未大幅下降，即应坚定持股。

实战案例：

（1）及时止损的情况。如图 2-15 山东威达（002026）日线图所示，若投资者在持续下跌的 A 区域中出现了持续阳量的量价齐升的一阳指形态时买入了股票，其后的 B 区域，股价却出现了突然低开在 A 区域右侧阳线实体下的持续量价齐跌形态，此时即说明股价并未转强，应果断止损卖出股票，待其后企稳后再参与。

图2-15　山东威达日线图

（2）无须止损的情况。在图 2-15 中的 C 区域，当股价形成了一阳指形态时，若投资者再次买入股票，次日却发现股价再次出现了低开低走，但未跌破 C 区域金针探底的低点即止跌回升，形成了阴线状态的金针再次探底，此时不可轻易止损卖出，当其后再次出现低开探底快速回升的阳线时，说明股价接连出现的低开下探，是为了探明短期的低位，所以不应止损卖出。同样，如图 2-16 保利联合（002037）日线图所示，当 A 区域出现了明显的量价齐升状态的一阳指形态后，B 区域的下一交易日却出现了平开后快速低走并刷新上一交易日的低点，创出了 4.68 元的新低，但量能未有效放大，且 B 区域的 K 线与 A 区域的 K 线保持在同一水平，因此投资者不可在 B 区域止损卖出，而到了下一交易日，股价继续低开后仅小幅下探，再未刷新低点即出现了快速止跌回升，所以投资者可安心持股。

注意事项：

（1）投资者在根据一阳指战法实战期间，一旦发现交易后股价出现大幅下跌，并跌破了一阳指形态的低点后依然持续下跌，应果断止损卖出，因为这说明股价短期趋势再次走弱，所以，必须严格遵守交易失败后及时止损的纪律。

图2-16　保利联合日线图

（2）若是投资者在买入股票后，发现股价虽然再次刷新了低点，但却出现了快速回升，或是未再持续创出新低时，即K线与出现一阳指形态时的阳线保持在了同一水平，则不应即刻止损，而应持续观察，只要未发现股价大幅下跌，同样不要轻易止损。

2.4　仓位管理

2.4.1　空　　仓

空仓，从字面上看，就是保持不买入股票的意思。空仓看起来是十分简单的一件事，但对于初入股市的投资者来说却不简单，因为你若是要保持空仓，就要能够抵御住所有来自市场的诱惑，必须能够克制住内心的贪婪，保持内心的平静。

一阳指战法对空仓的要求是，只要是完成了一轮交易后，在未发现目标股出现可交易的机会之前的这一段时间内，都要保持空仓状态。因为一阳指战法是一种短线交易技术，操作的时间很短，所以，哪怕是你看到短线强势的股票想操作一把就卖掉时, 也不要纵容自己的这一贪念, 应收敛心思, 继续观察目标股。因为一旦你操作了其他的股票, 若是目标股刚好也出现了买入时机, 再买入时就势必会导致非自愿情况下的重仓或全仓状态, 这种被迫状态下的重仓持股, 必然会增加内心的压力, 并影响到持股的心情, 从而影响到对持股短线波动的正常判断, 进而可能导致操作上的失误。因此, 投资者在选股和观察目标股期间, 一定要控制好自身的情绪, 只要是未发现目标股的买入时机, 就要始终保持空仓状态。

实战案例:

如图 2-17 黔源电力 (002039) 日线图所示, 当投资者在完成一轮交易后, 在尚未选好目标股, 或是目标股并未形成一阳指买入形态时, 若是在 2024 年 2 月 22 日, 当投资者发现了图 2-17 中黔源电力在 A 区域出现了明显的量价齐升式的上涨, 且日线趋势转为了上涨趋势, 如果只是想短线操作一下买入了这只股票, 一旦期间发现目标股出现了一阳指买入形态时, 则势必难以全力以赴去操作, 而在 A 区域买入的黔源电力又在其后的数个交易日中一直保持着高位震荡, 投资者不仅没有获利, 反而遇到了短期小幅被套情况。因此, 在根据一阳线战法实战期间, 投资者一定要在完成一轮交易到目标股出现买入形态期间, 始终保持空仓状态。

图2-17 黔源电力日线图

注意事项：

（1）空仓操作起来并不难，只要保持不买股票即可，但实际上做起来并不容易，因为投资者要克服的是自己对市场那些强势股的诱惑，所以，最有效的方法就是在空仓期内只看目标股，而不去看市场的热点。

（2）投资者在空仓期间，可以多分析一下选好的目标股，或是继续去选股，这样就可以分散自己的精力，因为若只是观察目标股的盘面，往往是枯燥和乏味的，极容易让投资者去浏览市场热点，无形中让自己陷入诱惑中。

2.4.2 轻　　仓

在一阳指战法中，轻仓又叫作试仓，是买入股票时的一种试探性地前期买入股票行为。这时候，往往处于股价短期趋势出现探底回升的初期，也就是回升尚不十分明显时，可以小量的资金先行试探性地买入一定数量的股票。这样做的原因主要是，在股价由弱势转弱势初期，一切转强的趋势都还只是个苗头，但股价转强初期的下跌幅度是较大的，时间又是极短的，是一次极好的低位介入良机，一旦错过，其后再买入时的成本会高不少。所以，此时的轻仓买入，就是试探性地投入，后市一旦持续转强，则可加仓买入，若后市再次转弱，可及时止损出局。因此，轻仓在一阳指战法中是一种灵活性更强的小资金操作，操作时的资金量不宜过大，但也不可过小，一般保持在四分之一左右的资金量即可。投资者也可以根据自身的承受能力，适当增加轻仓的比例，但前提是必须在熟练掌握一阳指战法后再去如此操作。

实战案例：

如图 2-18 华孚时尚（002042）日线图所示，投资者在根据一阳指战法买入股票时，若在 A 区域形成量价齐升的一阳指形态时，发现当日的量能放大并不十分明显，则可采取轻仓买入的方法，以账户内总资金四分之一左右的量在 A 区域当日收盘前买入股票，如账户内有 10 万元，以约 25 000 元的资金买入即可，待其后 B 区域表现为持续的量价齐升时，再加仓买入。

图2-18　华孚时尚日线图

注意事项：

（1）投资者在根据一阳指战法买入股票时，若轻仓买入，一般买入股票的资金量宜保持在账户资金总量的四分之一左右，不可过多，也不可过少。

（2）轻仓买入不是一阳指战法买股的根本目的，而是从短线风险的角度出发，采取的一种试仓买入的操作，因此，一旦后市转强特征明显时，应果断加仓至重仓。

2.4.3　重　　仓

重仓，一般是指买入股票的资金量达到了账户内资金总量的二分之一到三分之二或五分之三的水平。重仓在一阳指战法中是极为重要和关键的一种仓位管理方法，这是因为，如果投资者不懂得如何重仓，甚至不会重仓，那么技术再好，也是无法赚到较高的收益的。虽然重仓看起来不过是买入股票的资金量较多，只需要大量买入股票即可，但若是不懂得在什么时候重仓，则很容易一上来就重仓买入，结果出现失误和亏损。因此，投资者一定要学会运用一阳指战法中对重仓加仓时机的把握。

在运用一阳指战法时，所谓的重仓，一是当一只股票在一阳指形态表现为短期强势状态时，直接以重仓买入股票；二是可以在前期轻仓买入目标股后，于当日尾盘或下一个交易日的上午盘或盘中，一旦确认了股价的短期趋势强势时，就应当果断加仓买入，以达到重仓的持股目的。

实战案例：

如图 2-19 万丰奥威（002085）日线图所示，若投资者在观察目标股时，发现这只股票在 A 区域出现了一种因股价涨停所引发的阳线实体不长的光头光脚小阳线，以及缩量状态的阳量时，说明这是一种最强势的一阳指买入形态，若投资者在 A 区域当日股价快速封涨停前买入了股票，则应当以账户内总资金量的二分之一到三分之二或五分之三重仓直接买入，因为这属于短期股价快速启动的一阳指形态。但若是未能在 A 区域重仓买入的话，那么到了其后的 B 区域，当出现明显的放量上涨时，即应果断完成重仓持股买入，此时因为是加仓后的重仓，所以，可以适当提高重仓的水平，使该股所占资金量达到总资金的五分之四的水平。

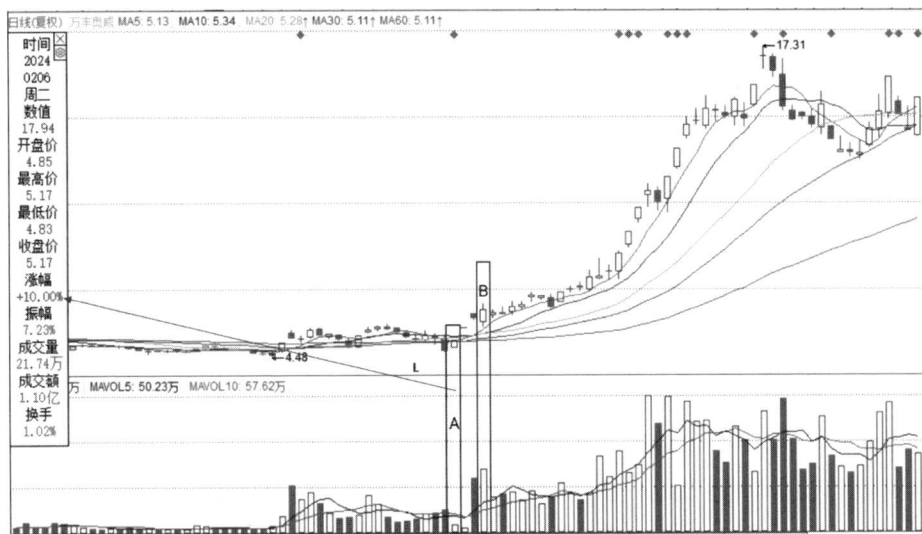

图2-19　万丰奥威日线图

注意事项：

（1）重仓是一阳指战法买入股票阶段的一种"重拳出击"的行为，在实战操作中，完成重仓的方法有两种：一种是第一次买入时即完成重仓持股；另一种是轻仓买入后，再通过加仓的方式完成重仓持股。

（2）投资者在直接重仓买入股票时，往往是在短期内的一阳指形态中，股价表现得极为强势，但若是初次买入时是轻仓，当其后表现为持续或快速的量价齐升时，同样应及时加仓至重仓水平。

2.5 操盘步骤

2.5.1 选　　股

投资者在运用一阳指战法实战时，第一个步骤不是交易，而是选股，因为只有选好目标股，才能确保买到好股票。而选股的方法，包括两个方面：一是技术面选股，选择那些长期处于弱势震荡的股票，或是短期处于明显的弱势下跌的股票；二是基本面选股，当目标股满足了技术面要求后，要选择那些长期基本面强的股票，因为只有长期基本面强的股票，在技术面表现为弱势时，才是其最具投资价值的时候，一旦出现弱势止跌反弹，其后的行情更为可期。因此，投资者一定要在交易前做好第一步的选股工作。

实战案例：

（1）技术面弱势的选股。投资者在 2024 年初选股时，应从较长的周期图出发，如周线图或月线图来寻找长期或短期弱势的股票，图 2-20 为浔兴股份（002098）这只股票的月线图，从图 2-20 中可以看出，在 2020 年 4 月至 2023 年12 月期间的 A 区域，股价一直处于长期的横盘震荡整理状态，因此，是符合技术面选股要求的，这时就要对其基本面进行观察了。

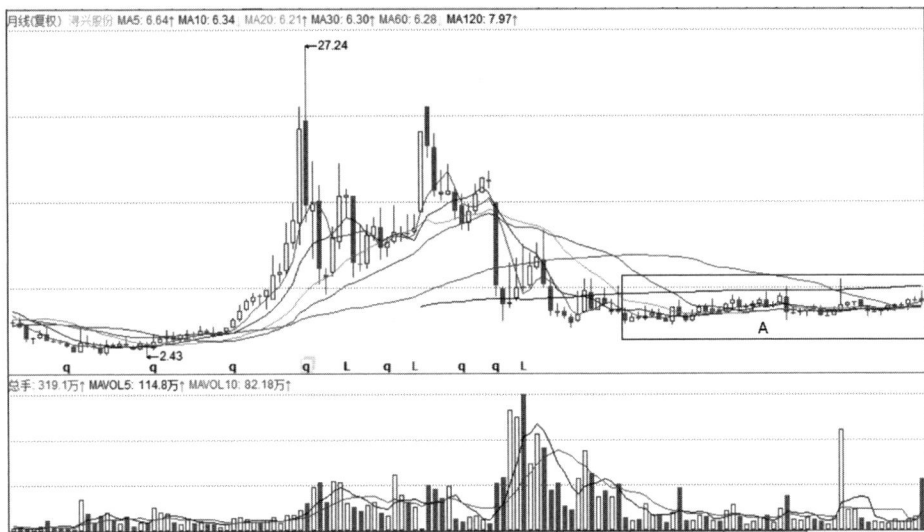

图2-20　浔兴股份月线图

（2）基本面强势的选股。如图2-21浔兴股份在个股资料内的财务分析所示，这只股票在2021年至2023年的三年期间，即图2-20中A区域的弱势震荡期间，净利润一直保持在8 000万元到1.3亿元的水平，基本每股收益在0.2~0.4元，净资产收益率保持在8%~15%，说明这是一家业绩稳定、持续盈利的企业，符合基本面选股的要求。

综合前两个步骤的结果，可确认在2024年的1月期间，浔兴股份是符合一阳指战法选股的目标股要求的，因此，应将其列入目标股，并持续观察来确定买股时机。

注意事项：

（1）投资者在根据一阳指战法实战时，虽然选股被列为了操盘的第一个步骤，但事实上，选股的环节应当是投资者在事先即完成的，为了使得操盘步骤具有连贯性，因此，将选股列为第一个环节。

（2）选股不可过于草率，并且要通过仔细观察技术面与基本面的情况来确认其是否符合要求，同时，要经常关注那些符合要求的目标股的一些产业或行业新闻，主要是看上市公司的业绩是否会受其影响，只要负面影响不大即可。

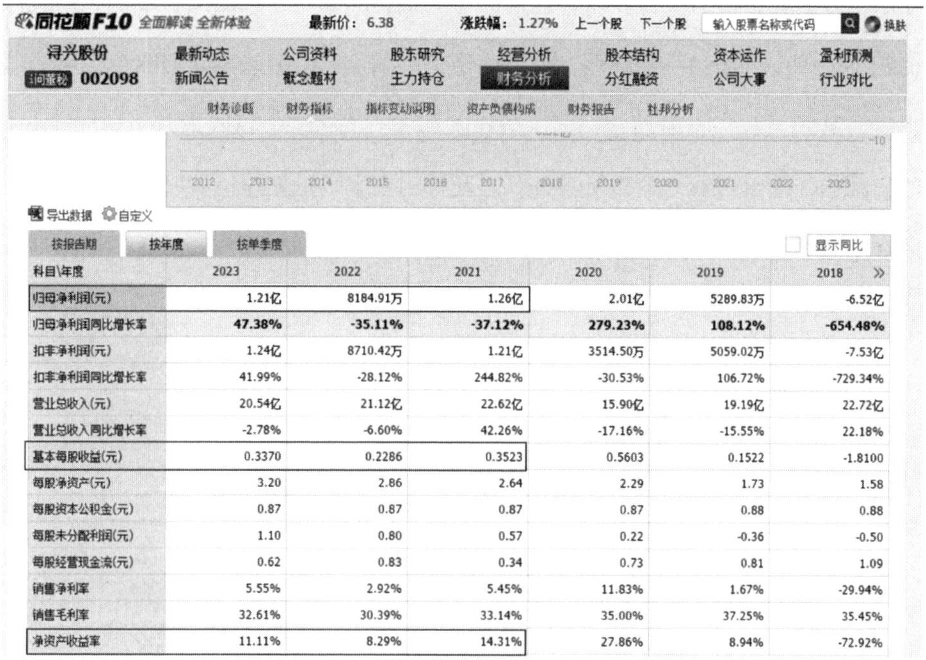

科目\年度	2023	2022	2021	2020	2019	2018
归母净利润(元)	1.21亿	8184.91万	1.26亿	2.01亿	5289.83万	-6.52亿
归母净利润同比增长率	**47.38%**	**-35.11%**	**-37.12%**	**279.23%**	**108.12%**	**-654.48%**
扣非净利润(元)	1.24亿	8710.42万	1.21亿	3514.50万	5059.02万	-7.53亿
扣非净利润同比增长率	41.99%	-28.12%	244.82%	-30.53%	106.72%	-729.34%
营业总收入(元)	20.54亿	21.12亿	22.62亿	15.90亿	19.19亿	22.72亿
营业总收入同比增长率	-2.78%	-6.60%	42.26%	-17.16%	-15.55%	22.18%
基本每股收益(元)	0.3370	0.2286	0.3523	0.5603	0.1522	-1.8100
每股净资产(元)	3.20	2.86	2.64	2.29	1.73	1.58
每股资本公积金(元)	0.87	0.87	0.87	0.87	0.88	0.88
每股未分配利润(元)	1.10	0.80	0.57	0.22	-0.36	-0.50
每股经营现金流(元)	0.62	0.83	0.34	0.73	0.81	1.09
销售净利率	5.55%	2.92%	5.45%	11.83%	1.67%	-29.94%
销售毛利率	32.61%	30.39%	33.14%	35.00%	37.25%	35.45%
净资产收益率	11.11%	8.29%	14.31%	27.86%	8.94%	-72.92%

图2-21　浔兴股份个股资料财务分析

2.5.2　判断买股时机

当投资者选好股票后，第二个操盘步骤就是判断买股时机了，这一环节主要是从日线图上去观察和判断目标股是否出现买股时机。具体的判断方法就是观察目标股是否形成量价齐升的一阳指形态，只要是形成了，投资者应即刻买入股票。具体的买股最佳时机，就是日线图一阳指形态形成之际，分时图上表现为股价强势状态时。

实战案例：

在此我们延续上一篇内容中通过选股要求的浔兴股份，如图 2-22 浔兴股份（002098）日线图 1 叠加 2024 年 2 月 8 日分时图所示，在弱势震荡中，当股价出现持续大幅的快速下跌后，进入 B 区域的 2024 年 2 月 8 日时，出现了股价刷新前低点后的快速止跌回升，成交量放大，为中阳线中阳量的量价齐升，一阳指形态十分明显，符合买股要求，这时即可观察叠加的当日分时图，发现股价线开盘略下行即出现横盘小幅震荡，其后出现了持续上行，突破了昨日收盘线后依然上行，其后至下午收盘前，一直保持着震荡上行的状态，且收盘几近达到了 8% 的日涨幅，结合日线上的量价齐升，以及分时图上的短期量价齐升的不明显，可以在当日收盘前及时买入股票。

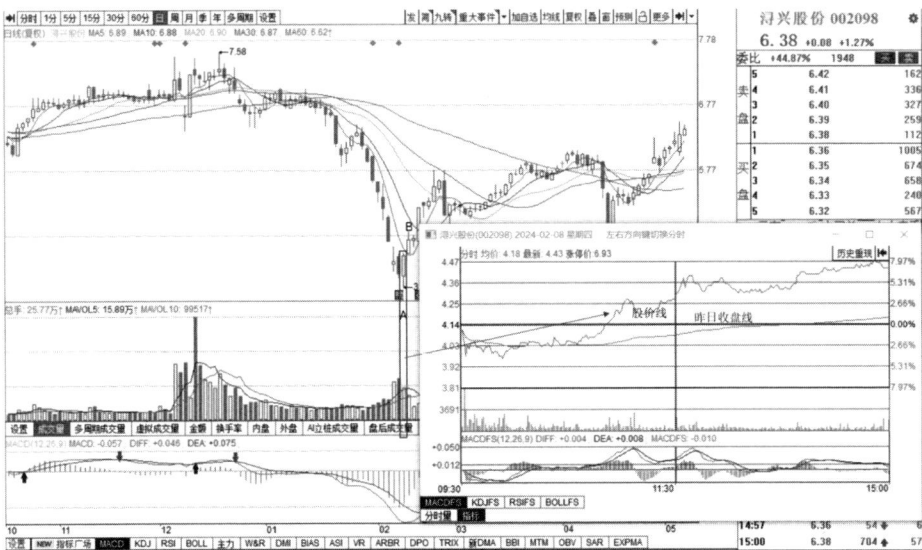

图2-22　浔兴股份日线图1叠加2024年2月8日分时图

注意事项：

（1）投资者在实战期间判断买股时机时，应首先从日线上去寻找股价是否形成了量价齐升的一阳指形态，原则上是只要形成了即可果断买入股票，但从操盘步骤上可同时再观察分时图，若分时图表现为短期的强势或极强状态时，即为最佳的买股时机。

（2）若投资者在确认日线一阳指形态时，发现股价在分时图上出现了快速上涨，则这类股票往往属于快速转强启涨类的情况，应在股价快速封板前果断买入。

2.5.3　持股与否的判断

在投资者根据一阳指形态完成买入股票的操作后，接下来的操作相对就简单了，说其简单是指在其后的几个交易日内，或是更长的时间内，基本上是不需要交易的，只要观察即可。观察什么呢？就是观察买入的股票是否在盘中出现了大幅的波动，以及波动的具体情况，在若非趋势反转的情况下，一般只要股价保持着持续缓慢上行或快速上行两种状态，即可安心持股；若出现趋势反转的话，原则上仍然以波段操作为主，即当股价表现为锯齿式上涨时，低点买入高点卖出即可。因此，在第三个步骤中，基本上是不用操作的，考验的是投资者对行情波动大小的判断能力。

实战案例：

在此我们同样以上一篇内容中的浔兴股份为例，若是在图 2-22 中的 A 区域买入股票后，如图 2-23 浔兴股份日线图 2 叠加 2024 年 2 月 22 日分时图所示，在其后的持股过程中的 H 段走势中，股价一直保持着阳线阳量状态的持续向上运行，应保持持股。但在其中 B 区域出现了一根阴线和阴量柱，看似量能略有放大，但 K 线却保持着上行的状态，重心在向上移动，且高点是刷新了上一根 K 线高点的，下影线较长，说明这只是短时股价上冲过程中的短时获利回吐所致。这一点从 B 区域对应的当日分时图上即可看出，当日股价线在 C 区域是略高于昨日收盘线出现的，为高开，其后快速回落，一直保持在昨日收盘线下方不远处的横盘小幅震荡，量能均衡，但在尾盘时却出现再次回升，回升到了比开盘 C 区域略低的位置 D 区域，因此，可确认全天为健康的整理状态。因此，投资者在整个 H 段走势中始终保持着持股状态即可。

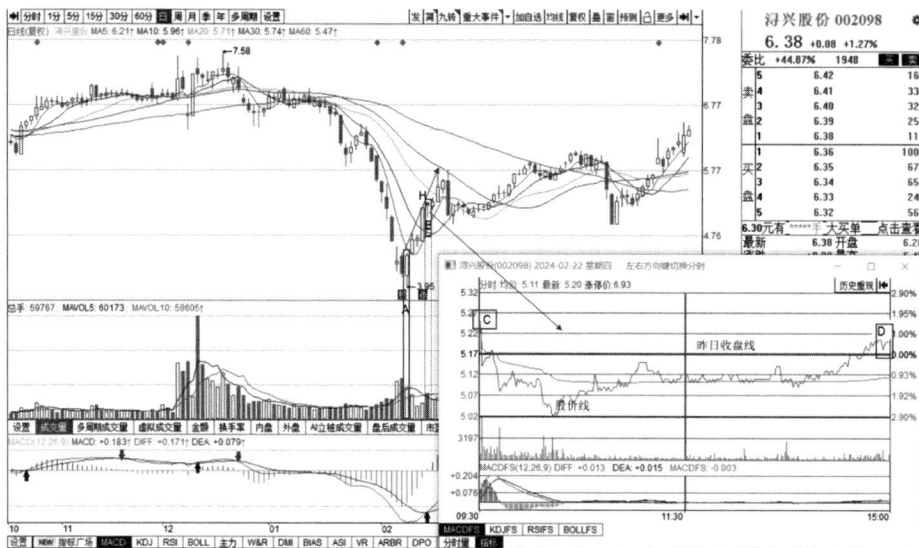

图2-23　浔兴股份日线图2叠加2024年2月22日分时图

注意事项：

（1）投资者在根据一阳指形态买入股票后，接下来的步骤就是观察和判断股票是否一直保持着健康的上涨状态，主要包括持续震荡上涨和快速上涨，只要是出现其中的任意一种形态，均应安心持股。

（2）在判断持股与否阶段，投资者一定不要忘了，股价的或快或慢的上行，甚至是盘中的正常波动，只是持股的状态，而一旦持股出现了卖股时的形态，就要果断卖出了。因此，在持股阶段的观察和判断期间，投资者一定要留意什么形态才是卖出形态。

2.5.4　判断卖股时机

一阳指战法操盘的第四个步骤，就是操盘的最后一步——判断卖股时机了。这一环节看似简单，只需判断所持股票是否形成中冲剑或变形中冲剑的卖股形态即可，但实际上，这一环节却是与第三个步骤紧密相连的。因为在判断是否能够持股时，若形成了卖股形态，是要中止持股的，所以，其实在上一个步骤的观察与判断中，就包含这第四个步骤的内容了，只不过从操盘的角度看，卖股时机是最后一个步骤，但卖股这根弦却是要贯穿在几乎所有持股与否判断的过程中，因为是健康的上涨状态就持股，不是，则必然是要卖出股票的。

实战案例：

在此仍然接着上一篇内容中讲到的浔兴股份来进行分析与判断，如图2-24浔兴股份（002098）日线图3所示，当在 A 区域买入股票，一路持有到了 B 区域后，发现虽然依然表现为两根阳线状态的成交阳量的量价齐升，但实际上前一根 K 线为实体较长的阳线，后一根 K 线为实体较短的阳线，且高低点均被包含在了前一根 K 线的高低点范围内，形成了抱线形态的中冲剑卖出形态，因此，投资者应及时中止持股，果断卖出股票。如此一来，即完成了一阳指战法中的一轮完整交易。

图2-24　浔兴股份日线图3

注意事项：

（1）判断卖股时机虽然是被放在了操盘的最后一个环节，事实上也是操盘的最后一个步骤，但在实战期间，这一环节的内容与上一环节中持股与否的判断，是紧密相连的，也就是在上一环节的始终，都要时刻进行着卖股形态的判断。

（2）投资者一定要在学习一阳指战法时，及时通过实时行情来小资金不断实践性地交易和练习，以便能够准确地把握好中冲剑几种形态出现时的具体情况，这样才能确保在大资金实战时不会慌乱。

第3章

趋势：
使用一阳指战法的关键

趋势是投资者使用一阳指战法操盘的关键，因为所有一阳指战法中的一阳指买入形态，或是中冲剑卖出形态，均离不开对趋势反转初期的判断。因此，投资者在学习一阳指战法前，首先应对趋势进行认真的学习，因为只有把趋势的表现与运行规律等内容学通了，再学习一阳指战法，则会事半功倍。

3.1 趋势的主要表现形式

3.1.1 上涨趋势

上涨趋势，是指指数或股票在较长时间内，一直处于向 K 线图右上方持续运行的状态。上涨趋势一旦形成，股价都会在一定时期内保持着向上运行的状态，此时股价向上运行的压力要远远小于向下运行，市场资金是在持续买入这只股票或盘中的多数股票，因此，伴随着的成交量也会处于明显的以阳量为主的状态。值得注意的是，上涨趋势是要有参照的，即参照之前的横盘或下跌趋势，同时，上涨趋势也是有其时间上的限制的，即周期越长的 K 线图，其上涨趋势持续的时间会越长，相反则会越短。

实战案例：

如图 3-1 深中华 A（000017）日线图所示，股价在左侧处于持续弱势震荡状态，当进入 A 段走势后，K 线一直处于持续向右上方运行的状态，为上涨趋势。在上涨趋势中，明显股价向上运行的压力要小于向下的，因此，股价才会持续出现快速涨停，而在持续的上涨趋势中，股价由低点到高点，出现了涨幅三倍多的情况，可谓涨幅巨大。这就是一只股票在日线图上进入上涨趋势的情况。而 A 段的上涨走势，则是参照之前的横盘震荡趋势而言的。

如图 3-2 B 股指数（000003）周线图所示，指数在震荡行情中，进入 A 段走势后，指数一直处于持续震荡向右上方运行的状态，为 B 股指数的上涨趋势，此期间应积极参与 B 股中的一些成分股，因为多数成分股的上涨，才造就了 B 股指数的持续上涨。这就是指数在周线图上处于上涨趋势的情况。

注意事项：

（1）当一轮明显的上涨趋势出现在一只股票身上时，说明股价开启了上涨周期，投资者短期参与，通常情况下风险是较小的，尤其是日线图的上涨趋势。

（2）若是指数出现了上涨趋势，一般即表明这一市场进入了牛市阶段，投资者应积极参与这一类指数中的成分股，因为只有多数成分股的上涨，才会推动指数的持续走强。

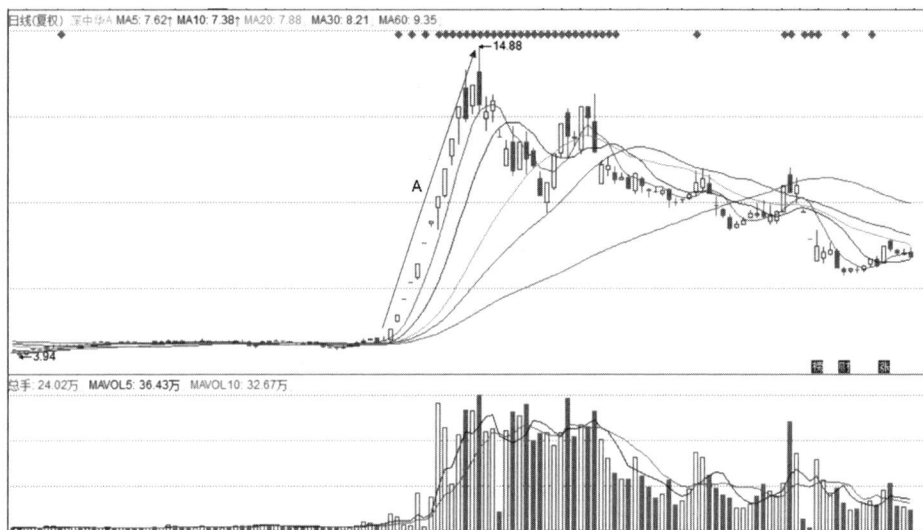

图3-1　深中华A日线图

图3-2　B股指数周线图

（3）投资者在谈到上涨趋势时，一定要有参照物，即当前的趋势是参照之前的趋势而确认的，否则就谈不上趋势。但在上涨趋势中，往往是周期长的 K 线图，其强势状态会持续较长的时间，越是周期短的 K 线图，其上涨趋势往往也极短。

3.1.2　下跌趋势

下跌趋势，是指指数或股票在较长时间内，一直处于向 K 线图右下方持续运行的状态。下跌趋势一旦形成，股价都会在一定时期内保持着向下运行的状态，此时股价向下运行的压力要远远小于向上运行，因此，市场资金是持续以卖出这只股票或盘中的多数股票为主的，伴随着的成交量也会处于明显的以阴量为主的状态，但与上涨趋势刚好相反，在持续下跌趋势中的成交量并不一定会放大，因为此时的市场中参与交易的投资者是较少的。但是与上涨趋势一样，下跌趋势也是参照之前的横盘或上涨趋势得出的，所以其也是要有参照对比的。同时，下跌趋势也是有其时间上的限制的，即周期越长的 K 线图，其下跌趋势持续的时间会越长，相反则会越短。

实战案例：

如图 3-3 创业板指（399006）日线图所示，在震荡中，当进入 A 段走势后，创业板指出现了持续震荡地向 K 线图右侧下方运行的情况，表明创业板指进入了下跌趋势。在此期间，创业板中的多数股票都处于弱势中，投资者尽量不要参与创业板中的股票。

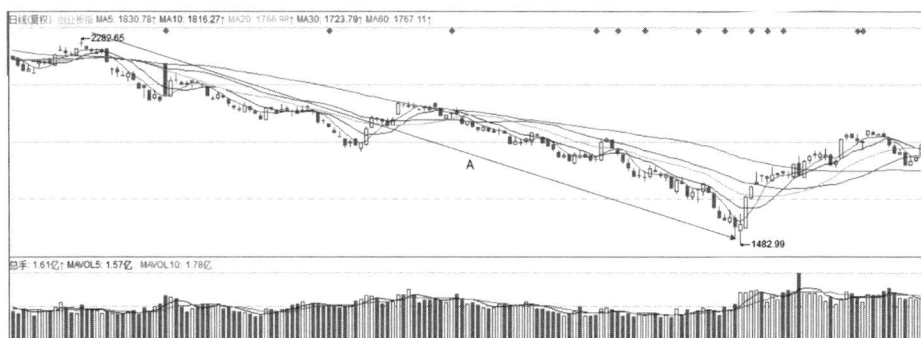

图3-3　创业板指日线图

如图 3-4 乐普医疗（300003）季线图所示，在持续上涨中，当进入 A 段走势后，这只股票出现了持续震荡向右侧下方运行的情况，说明股价进入了持续时间较长的下跌趋势中，投资者不要轻易抄底这只股票。

注意事项：

（1）下跌趋势与上涨趋势一样，在确认时应选择好参照物，否则是难以确认趋势的方向的。同时，下跌趋势与上涨趋势一样，一旦成立，即会表现出其延续性，即股票或指数在下跌趋势中，向下运行要比向上运行压力更小。

图3-4　乐普医疗季线图

（2）在不同周期的 K 线图上，下跌趋势的持续时间是不同的，周期图越长，下跌趋势的延续时间也会越长，周期越短时则持续时间或许会越短。但这一点并非绝对的，因为在市场上，下跌趋势的持续时间总比上涨趋势的持续时间更长。

3.1.3　横盘趋势

横盘趋势，是指股票或指数在一定的时期内，都处于一种向上无法持续上行、向下也无法持续下行的状态，始终保持在了 定幅度内的横盘小幅震荡状态中。长期处于这种横盘趋势的股票，其向上突破高点与向下跌破低点的压力都会很大，反而是持续在震荡幅度内的反复涨跌时压力较小，因此，横盘趋势又叫震荡趋势或盘整趋势，是趋势突变前的一种最不确定的弱势整理状态，但同时，横盘趋势又是趋势改变前重要的盘整，从理论上来讲，盘整的时间越长，变盘后趋势延续的时间越长。

实战案例:

如图 3-5 南风股份(300004)月线图所示,在持续下跌中,当进入 A 区域,股价即在 3.1 元左右开始了上下震荡幅度极小的横向运行,为明显的横盘趋势,又叫弱势震荡盘整趋势,在此期间,普通投资者轻易不要参与行情,但对于一阳指战法的使用者来说,可将呈现此类技术形态的股票放入自选股中,持续观察。因为股票在月线或周线图上处于横盘趋势,即是一阳指战法选股时的技术要求。

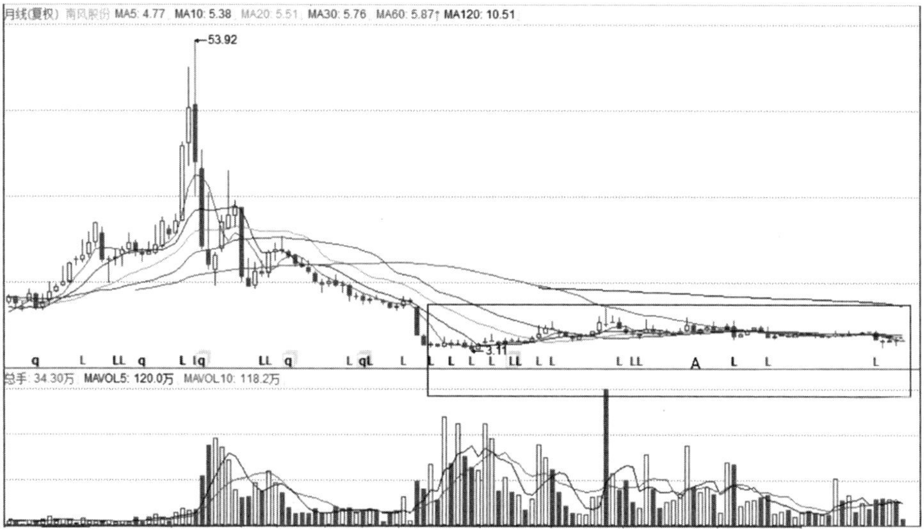

图3-5 南风股份月线图

如图 3-6 科创 50(000688)60 分钟图所示,在持续下跌中,当进入了 A 区域及其后再下跌的 B 区域时,指数出现了持续在一个较小的幅度内上下反复小幅横盘震荡的走势,为明显的横盘趋势。这就是指数的横盘趋势情况。

注意事项:

(1)横盘趋势是一阳指战法中技术选股时的重要形态,但必须确保是在周线图或月线图上出现的横盘趋势,同时,这只是一个方面,因为选股时还要根据具体情况来判断一下股价的支撑情况。

(2)当指数进入横盘趋势后,并不意味着盘中个股同样会表现为震荡趋势,在操作时,应视个股情况而定,而在通常情况下,如在抢板操作中,大盘的震荡趋势则是一个很好的状态。

图3-6 科创50的60分钟图

3.2 判断趋势时使用的指标

3.2.1 MA

MA，即移动平均线的英文简称，是判断趋势时一个重要的技术指标，因为移动平均线本身即是不同周期内股票收盘价或指数收盘点数的平均值，所以最能真实反映出股票或指数的趋势运行情况。因此，在利用 MA 判断趋势时，一是当所有均线周期从短到长依次由上向下排列、线头向上发散运行时，为均线多头排列，表明股价或指数进入了上涨趋势；二是当所有均线周期从长到短依次由上向下排列、线头向下发散运行时，为均线空头排列，表明股价或指数进入了下跌趋势；三是当所有均线处于相距较近状态并反复缠绕时，为均线缠绕排列，表明股价或指数进入了横盘趋势。

实战案例：

如图 3-7 心脉医疗（688016）周线图所示，在 A 区域，均线组合呈现出短期均线在上、较长期均线在下，各均线依次向上发散运行的状态，为均线多头排列的上涨趋势；当进入 B 区域后，均线组合则变为较长期均线在上、短期均线依次在下方，各均线向下发散运行的状态，为均线空头排列的下跌趋势；当进入 C

区域后，各均线则均聚拢在相距较近的状态，形成各均线反复缠绕小幅振荡的均线缠绕排列的横盘趋势。

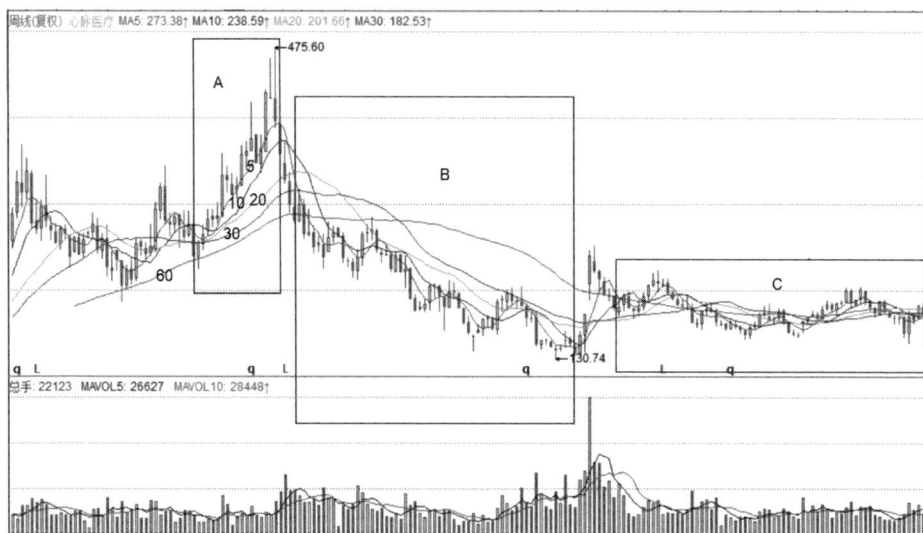

图3-7 心脉医疗周线图

注意事项：

（1）投资者在利用MA判断趋势时，短中长各均线形成多头排列时为上涨趋势，各均线空头排列时为下跌趋势，均线缠绕排列时为横盘趋势。

（2）在实战中，经常出现一些类似的形态，如在判断上涨趋势时，各短期均线几乎均形成了多头排列，只有如日线上最长的60日均线表现为略下行或平行形态，但行情依然持续强势，这主要是在60日均线处存在一定的压力所致。因此，在判断趋势时，最好从更长周期的图上去确认，才更为准确。

3.2.2 MACD

MACD，全称为异同移动平均线，主要是由快线DIF与慢线DEA组成，合称为MACD双线，同时，它也包括MACD柱和0轴，因0轴属于一条水平的多空分界线，因此，市场上也经常利用MACD来判断趋势。具体的判断方法如下：一是当MACD双线依次向上突破了0轴持续在0轴上方运行时，为MACD

多头趋势，即上涨趋势；二是当 MACD 双线依次向下跌破了 0 轴持续在 0 轴下方运行时，为 MACD 空头趋势，即下跌趋势；三是当 MACD 双线在运行过程中，出现了双线相距较近、几近黏合状态的水平小幅震荡时，为 MACD 盘整趋势，即横盘趋势。

实战案例：

如图 3-8 光峰科技（688007）日线图所示，在 A 区域，MACD 双线相继明显向上突破了 0 轴，并持续在 0 轴上方运行，表明股价进入了 MACD 多头的上涨趋势，投资者可短线适当参与行情；进入 B 区域后，MACD 双线相继跌破了 0 轴，持续在 0 轴下方运行，表明股价进入 MACD 空头的下跌趋势，投资者应回避操作这只股票；当进入 C 区域后，MACD 双线以相距较近、几近黏合的状态水平运行，为 MACD 盘整的横盘趋势。

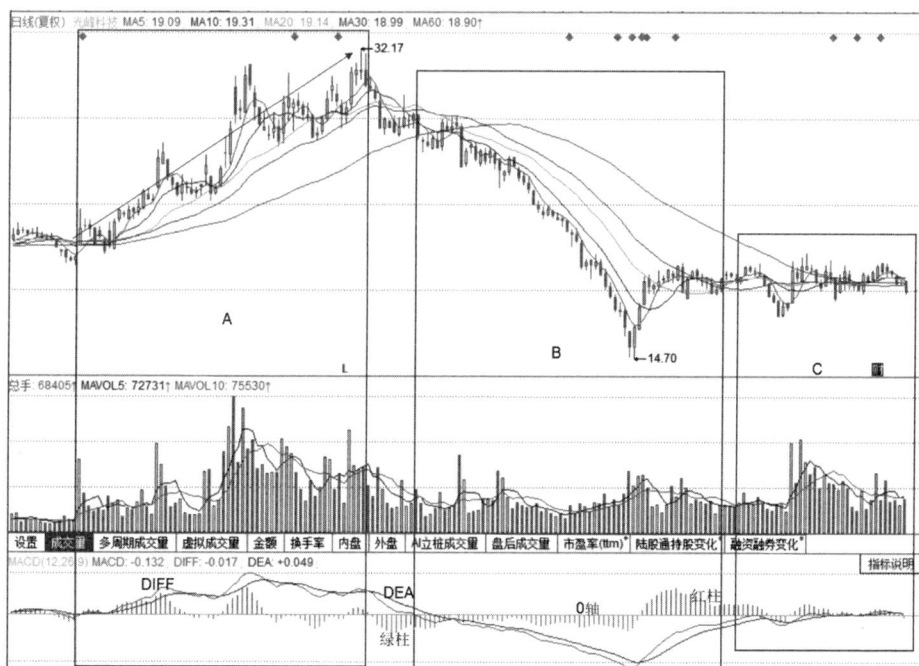

图3-8　光峰科技日线图

注意事项：

（1）投资者在根据 MACD 判断趋势时，其结果与 MA 几乎如出一辙，只不过 MA 与 MACD 指数的统计方法不同，但结果均是一样准确的，只是投资者要牢记，判断趋势的方法不是买股时机的判断，尤其是日线上的趋势，因趋势明朗时，行情往往已过去了大半。所以，在判断趋势和买卖点时，MACD 的形态有着很大的差异。

（2）在使用 MACD 时，投资者不仅要准确识别出快速线 DIF 和慢线 DEA，同时还要准确找到 0 轴，上方红柱与下方绿柱之间的水平线，即为 0 轴。因为这条线直接关系到判断趋势时的结果。

3.3 一阳指战法中判断趋势的要求

3.3.1 选股时期的两种趋势表现

投资者在根据一阳指战法技术选股时，主要是选择那些处于长期弱势横盘趋势状态的股票，以及处于上涨初期股价出现了短期回调下跌类趋势的股票。这是因为，从趋势演变的规律出发，长期弱势横盘趋势是趋势突变为上涨趋势时的主要整理形态；而上涨趋势初期出现的短期弱势回调下跌趋势，往往也是股价上涨中继行情中即将恢复上涨趋势的股票整理形态。因此，一阳指战法在选股时期，十分注重这两种不同趋势类型下的股票形态。

实战案例：

（1）长期弱势横盘震荡整理趋势。如图 3-9 奥福环保（688021）周线图所示，股价在持续下跌的弱势中，进入了 A 区域，出现了持续较长的横盘震荡走势，此时股价与前期高点相比，跌幅巨大，所形成的长期弱势横盘震荡整理趋势则更为可信。而其后当股价跌破震荡平台后再次形成的长期横盘震荡趋势，从趋势角度出发，B 区域的平台整理，属于破位后的平台整理，其底部更扎实，但这仅仅是限于技术面的分析，在符合基本面的要求时，方可将其列为目标股。

（2）上涨趋势短线调整行情。如图 3-10 神州泰岳（300002）月线图所示，

B 区域明显为在股价 A 段上涨趋势中出现的调整，只有上方的 5 月均线与 10 月均线出现了下行调整，其余均线均呈向上发散运行的多头排列，这说明 B 区域为月线上涨趋势中出现的短线调整行情，在技术面上是符合一阳指战法的选股要求的，但必须确保其基本面也同样符合要求，只有这样才可将其列为目标股。

图3-9 奥福环保周线图

图3-10 神州泰岳月线图

注意事项：

（1）投资者在选股期间从趋势角度寻找目标股时，一定要选择周线图或月线图上的趋势进行分析，使用 MACD 或 MA 判断趋势均可，因为只有长期 K 线图上的趋势才更为稳定，更具参考性。

（2）符合一阳指战法技术选股要求的趋势有两种：一是长期弱势的横盘震荡趋势，二是上涨趋势中的短期下跌趋势。只要出现一种，即符合要求，但必须要同时满足基本面要求，方可列入目标股。

3.3.2 买股时的两种趋势表现

投资者在根据一阳指战法买股时期，主要观察的是日线图，如果从趋势的角度去分析，同样有两种不同的趋势表现：一是下跌趋势末端，短期趋势突变为向上初期时的形态；二是上涨初期，趋势突转快速变为上涨趋势初期启涨时的形态，或是上涨趋势成立后出现短期下跌趋势调整或横盘趋势整理结束时恢复上涨的形态。因此，在买股时期的趋势虽然从大的方面讲是有两种趋势类型，即下跌趋势或上涨趋势，但却分为三种具体的情况。

实战案例：

（1）下跌趋势末端。如图 3-11 汉威科技（300007）日线图所示，若投资者在选中了这只股票为目标股的情况下，在观察是否买股时，则要从日线图上观察，A 段趋势为持续的下跌趋势，当股价在中途持续短暂回升时，往往是进入下跌末端的征兆，直到在 B 区域出现了明显的一阳指形态时，才是下跌趋势的真正末端，起码是本轮下跌过程中一轮明显下跌行情出现暂缓的时刻，因此它是根据一阳指战法买股时的下跌趋势末端形态，应果断买入股票。

（2）突变上涨趋势初期。如图 3-12 当升科技（300073）日线图所示，在持续弱势震荡中，一旦进入 A 区域，股价在短线快速开盘下探后，出现了持续量价齐升的回升，形成日线图的一阳指形态，且当日 K 线一举向上突破了多条均线，均线形成了多头排列初期的线头向上发散爆发的态势，为趋势突变上涨趋势初期的一阳指买入形态，应果断买入股票。

图3-11　汉威科技日线图

图3-12　当升科技日线图

同样，在图 3-13 福瑞股份（300049）日线图的 A 区域，当股价在弱势震荡中进入了 A 区域后，虽然没有出现股价下跌中的阳线，但却在短线阴线下跌中突然出现了一根高开高走的光头光脚涨停阳线，为强势的一阳指形态，且除了下方 60 日均线已转平行略向下外，其余均线均形成了多头排列，表明趋势处于快速突变上涨趋势初期，投资者同样要果断买入股票。

（3）上涨趋势调整行情结束初期。如图 3-13 福瑞股份（300049）日线图所示，在持续上涨行情的上涨趋势中，当股价首次出现下跌与震荡调整时，投资者即应时刻关注了，因为一旦在 B 区域出现量价齐升的一阳指形态时，即表明上涨趋势调整行情已经结束了，投资者应果断买入股票，因为行情已处于恢复上涨行情的初期。

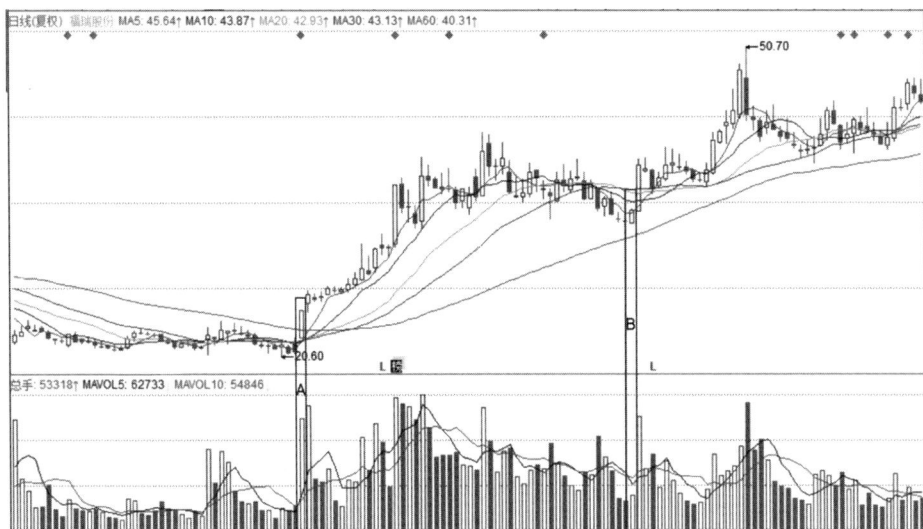

图3-13　福瑞股份日线图

注意事项：

（1）投资者在根据趋势形态了解买股时期的趋势时，一定要明白，基本上有两种趋势：一是弱势反弹的趋势，即下跌趋势出现一阳指快速止跌的反弹行情初期；二是弱势突变上涨趋势的快速启动初期。

（2）买股时，不同趋势情况下的形态是不一样的，如对于弱势突变上涨趋势的情况，股价通常在日线上会表现为长期的弱势整理，均线相距极近，一旦一阳指形态出现时，均线向上发散即将爆发态势明显，所以，此时不管是下沉阳线或是跳空上行的上升阳线，还是突破阳线均可，只要满足了一阳指形态的量价齐升，即应果断买入股票。

3.3.3 卖股时的两种趋势表现

投资者在根据一阳指战法卖出股票期间，若是从趋势的角度看，同样有两种情况：一是下跌主要趋势下的反弹次要趋势末端，也就是主要趋势表现为下跌趋势时出现反弹行情后走到末端时；二是主要趋势表现为上涨趋势时，出现短期趋势突然变为下跌趋势的初期。因为卖股时这两种截然不同的主要趋势，虽然说两种情况均为短期上涨行情结束时，但股价的具体表现有着较大的不同，一个是下跌中继行情结束时的恢复下跌趋势时的表现，另一个是上涨趋势快速结束时的短期弱势表现。因此，投资者在实战期间，一定要准确分辨出当时的趋势，从而确认不同趋势下的趋势突变时的形态，以及时卖出股票。

实战案例：

（1）下跌趋势反弹行情结束初期。如图 3-14 科新机电（300092）日线图所示，股价在持续下跌行情中进入 A 区域，明显为下跌趋势末端反弹行情开始的一阳指形态，应买入股票。在其后的持股中，股价一旦进入 B 区域，虽然在持续阳线上涨中成交量表现为阳量，但 B 区域内左侧的阳量柱为巨量，且右侧虽然阳量柱略小，但依然为大量，此外，K 线虽为阳线，但高低点均在上一根 K 线高低范围之内，形成抱线状态的变形中冲剑形态，说明反弹行情已经结束，因此，A 区域的买入者，应在 B 区域及时卖出股票。

（2）上涨趋势短期突变下跌初期。如图 3-15 海尔智家（600690）日线图所示，在股价持续表现为强势的上涨趋势中，不管投资者是在哪个回调低点回升时买入了这只股票，一旦运行到 A 区域后，股价出现了创出新高的持续震荡小幅下行，并未再刷新前高，成交量也出现了一定的缩量，但依然处于较高水平，为变形中冲剑形态，同时，盘口主力以净流出为主时，就说明上涨趋势出现了短期突变下跌趋势初期的征兆，投资者应果断卖出股票。

图3-14　科新机电日线图

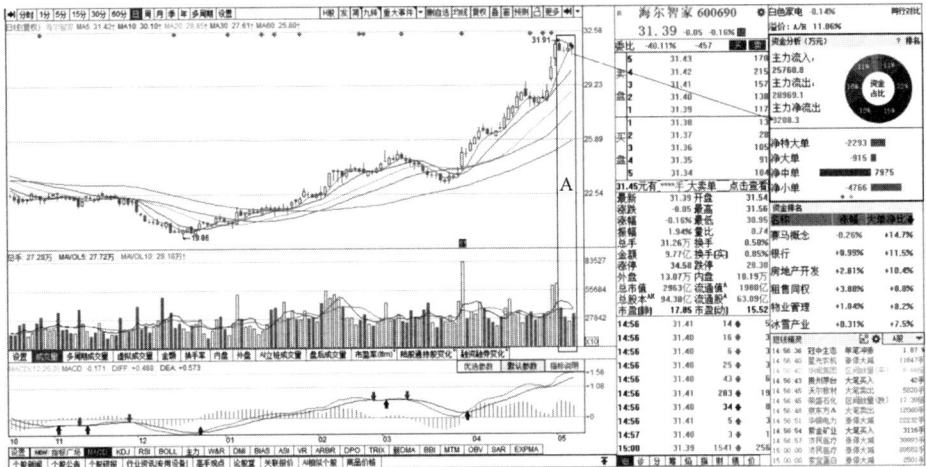

图3-15　海尔智家日线图

注意事项：

（1）投资者在了解卖股时期的趋势时，了解得越清晰，则对趋势演变的规律认识得越深，因为无论是股票还是大盘指数，其趋势总是在涨涨跌跌的转换中运行，只要把握好趋势转折时的特征，则更有利于熟练地运用一阳指战法，做好落袋为安的最后一关。

（2）当卖股形态出现时，虽说都是短线趋势突然变弱时的征兆，但由于之前的趋势不同，所以，这种趋势突变的形态也会有所区别，但均逃不出两种趋势的转变：一是在下跌趋势的反弹行情结束时，属于下跌中继行情的结束，但其后弱势并不一定就意味着大跌，只是短期的反弹结束了；二是上涨趋势中出现的短期极度弱势的突变，是大趋势转为下跌初期的征兆，所以，同样是短线卖股的最佳时机。

第4章

量价：
判断买卖时机的重要依据

　　量价，在操盘中往往起着重要的作用，尤其是在短线操盘中，其地位往往不亚于其他技术指标，尤其是在判断一阳指买入形态和中冲剑卖出形态时，其更是关键中的关键。因此，量价同样是一阳指战法中不亚于趋势的另一个重要内容，因为在趋势反转初期，往往有着明显的量价表现特征，所以它是学习一阳指战法前必须了解的一大重要指标。

4.1 量的表现

4.1.1 阴量与阳量

阴量与阳量是成交量的两种表现方式，在观察时，应观察 K 线图中 K 线显示区域下方的成交量显示区域，一根根竖立的或长或短、或红或绿的柱子，即是成交量。

阴量，就是指颜色为绿色的成交量柱，表明盘中的资金是以卖出股票为主导的，所以，阴量所对应的股价往往是处于下跌状态的，即便是阳线也如此；阳量，就是指颜色为红色的成交量柱，表明盘中的资金是以买入股票为主导的，所以，阳量所对应的股价往往是处于上涨状态的，即便阴线也是如此。

实战案例：

如图 4-1 南风股份（300004）日线图所示，其中 A 区域那些竖立的绿柱为阴量，代表着在这一时期内盘内资金一直是以卖出为主的，因此，股价表现为持续的下跌；B 区域那些竖立的红柱为阳量，代表着这一时期内市场资金主要是以买入股票为主的，所以，股价表现为持续的上涨。

图4-1　南风股份日线图

注意事项：

（1）投资者在了解了成交量的两种表现方式后，一定要明白正常的量对应正常的价格表现，一切的反常必有原因，如阴量对应下跌或是横盘状态的阳线，或阳量对应下跌状态的阴线。

（2）通常，不管是阴量还是阳量，除非是跌停状态下的小量，一般的小量均意味着盘整，只有较高的成交量才更有意义，尤其是行情在由弱转强初期，或由强转弱初期，大量往往就无声地说明了未来的趋势方向。

4.1.2　长阴与中阴

长阴就是阴量柱较长时的量柱，一般在阴量柱达到了显示区域内由下向上第二条水平线时，即成交量柱的高度达到或接近了显示区域三分之二的水平时就可以确认为大量状态的长阴量柱；中阴多数是指那些柱体相对较长的量柱，当量柱超过了显示区域三分之一的水平，达到了显示区一半水平时，即可确认为中阴量。但在现实中，长阴与中阴又可统一称为中长阴量，表示当时的卖出量较大。在观察时，投资者同样要根据一定的参照物来判断对应的阴量是大还是小。

实战案例：

如图 4-2 探路者（300005）日线图所示，A 区域的四根阴量向上均超过了显示区域由下向上三分之二的位置，且量柱均很长，所以为长阴量；B 区域的两根阴量柱，向上超过了三分之一的水平线 D，但未超过三分之二的水平线 C，属于相对较长的范畴，所以为中阴量。但两个区域的成交量，均可统称为中长阴量。

注意事项：

（1）长阴或中阴，市场上并无准确的量能水平划分标准，因为股票流通盘大小不同，加上其市场热度又不同，所以，量大与量小都不是绝对的，而是相对的，在分析行情时，必须有参照物来对比，才会得出准确的结果。

图4-2　探路者日线图

（2）在炒股软件上，成交量柱的显示是自动以手数（100股为1手）来显示的，并非资金量的大小，若是投资者想换成资金量的大小，可手动进行显示上的更改。

4.1.3　长阳与中阳

长阳就是阳量柱较长时的量柱，一般在阳量柱达到了显示区域内由下向上第二条水平线时，即成交量柱的高度达到或接近了显示区域三分之二的水平时，就可以确认为大量状态的长阳量柱；当量柱相对较长，超过了显示区域三分之一的水平，达到了显示区一半水平时，即可确认为中阳量。在现实中，长阳与中阳又可统一称为中长阳量，表示当时的买入量较大。在观察时，投资者同样要根据一定的参照物来判断对应的阳量是大还是小，因为孤立地去谈阳量的大小是没有任何意义的。

实战案例：

如图4-3莱美药业（300006）日线图所示，A区域的阳量柱长度超过了显示区由下向上三分之一的水平线D，但向上未超过三分之二的水平线C，为较长的阳量柱，所以为中阳量；B 区域的阳量柱均向上超过了三分之二的水平线 C，为较大的成交量柱，因此为长阳量。但在实际中，投资者可将它们统称为中长阳量。

图4-3 莱美药业日线图

注意事项：

（1）与阴量一样，对于中阳或长阳来说，同样没有一个准确的判断标准，所以，只要是较长的阳量即可认作中阳量，特别长的阳量柱即为长阳量，因此，在判断时同样要有一个对照来确认是放量还是缩量。

（2）投资者在实战期间利用中长阳或中长阴判断买卖量时，往往不是十分准确的，因为炒股软件中在判断市场上的买入或卖出意愿时往往不统一，且主力实买假卖或实卖假买的情况经常发生，所以，在观察成交量时，应结合盘口的主力资金动向来辅助确认。

4.1.4 小阴与小阳

小阴小阳量是一种成交量的状态，它的成交量柱相对较短小，一般均不会超过表示显示区域三分之一高度的水平线，或是表现为红色的阳量，为小阳量，或表现为绿色的阴量，为小阴量。从实战来看，小阴小阳量的出现，说明盘中买卖股票的资金量不大，说明市场并不看好这只股票，所以才交投清淡，造成成交量不大的结果。同时，小阴小阳量又意味着一种盘整，是未来方向不明的一种表现。

实战案例：

如图4-4汉威科技（300007）日线图所示，A区域和B区域的成交量，均为不超过由下向上显示区三分之一的水平，所以，这两个区域的成交量，无论表现为阳量柱还是阴量柱，均为小阴小阳量状态，代表着股价弱势盘整期间的成交量水平。

图4-4　汉威科技日线图

注意事项：

（1）小阴小阳量的判断与判断地量时基本遵循一样的道理，在判断底部量时，应与前期上涨高点的量比较，达到前期最高量的20%以内水平时，即为地量，若小阴小阳量长期出现地量水平，则往往起码是中期底部的一种成交量水平。

（2）根据小阴小阳量判断行情时，一般要参考之前的趋势，通常在上涨趋势中出现缩量状态的小阴小阳量时，往往是调整进入尾声的征兆，一旦结束即将恢复上涨行情，但大幅上涨后的情况除外。而在下跌趋势中出现的小阴小阳量，却并不一定就意味着跌势即将结束，因为在弱势中是无须大量即可导致股价大幅下跌的。

4.1.5　放量与缩量

放量与缩量同样需要至少两根量柱通过比较才能够得出结果：后一根量柱高于前一根量柱时，即为放量，但只有后一根明显高于前一根时才更具实战意义。阳量柱放大时为阳量的放量，意味着市场资金大举买入股票，是市场强势的特征；阴量柱放大时为阴量的放量，意味着持股者纷纷卖出手中的股票，是弱势加剧的征兆。缩量为后一根成交量柱比前一根成交量柱低，但同样是明显低时才更具实战意义。阳量柱缩量为阳量的缩量，意味着买入资金不积极；阴量柱缩量为阴量的缩量，意味着市场卖出股票的情况在减少。在明白了放量与缩量后，投资者一定要结合当时股价的趋势综合判断行情的演变。

实战案例：

如图 4-5 天海防务（300008）日线图所示，A 区域为两根阴量，后一根明显高于前一根，为阴量的放量状态，所以股价出现了明显的大幅下跌；D 区域为两根阳量柱，后一根明显高于前一根，为阳量放量状态，因此股价出现了大幅上涨；C 区域为两根阳量柱，后一根明显低于前一根，为阳量缩量状态，但由于均为大量水平，所以，股价表现为持续上涨；B 区域为三根阴量柱，后一根持续较前一根短，为明显的持续阴量缩量状态，因为是下跌状态，所以缩量并未阻止股价的持续下跌。

注意事项：

（1）放量只有在明显的量柱变长，超过之前量柱较多时才更具实战意义，表现在趋势反转初期往往是阳量持续明显的放量为短期趋势转强的征兆，而阴量持续明显的放量为短期趋势转弱的征兆，但要结合当前的趋势变化来确认。

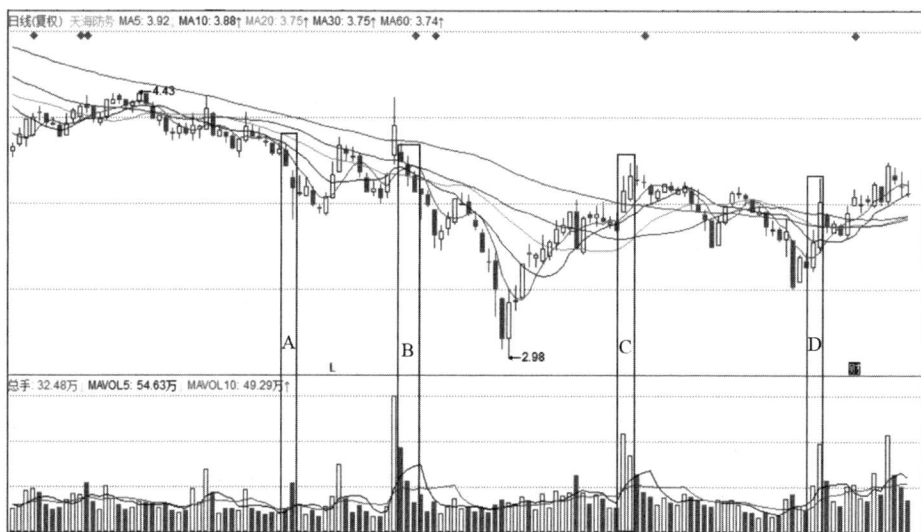

图4-5　天海防务日线图

（2）缩量在较小状态下出现时，基本没什么意义，只有量柱明显较上一根短时才更有意义，通常阴量的大幅缩量，意味着下跌即将结束，但大阴量状态下看似大幅缩量，并不能说明跌势即将结束，在高位时往往同样是一种卖股时的量能水平。

4.2　价的表现

4.2.1　阴线与阳线

阴线，就是在K线图最上方最大的显示区域内那些绿色的柱线，代表股价在这一周期内处于下跌状态，意味着收盘价低于开盘价，若未收盘，则说明即时股价是低于开盘价的；阳线，则是K线显示区域内那些红色的柱线，代表在这一周期内股价是处于上涨状态的，意味着收盘价高于开盘价，若未收盘，则意味着即时股价是高于开盘价的。

阴线和阳线是股价最直观的表现方式，所以，读懂阴线与阳线，更有助于投资者看清股价的波动程度、行情的趋势演变与发展。

实战案例：

如图 4-6 安科生物（300009）日线图所示，A 区域为或长或短的绿色的 K 线，为阴线，代表着下跌，所以股价出现了持续下跌；B 区域为持续的红色的 K 线，为阳线，代表着股价的上涨。在了解阴线与阳线时，一定要明白一点不同，即 C 区域的阴线，实体最上沿为开盘价，实体最下沿为收盘价；D 区域的阳线，实体最上沿为收盘价，实体最下沿为开盘价。

图4-6 安科生物日线图

注意事项：

（1）对于初学者而言，股价的涨跌远非阴线跌阳线涨这么简单，因为只有连贯起来观察 K 线，趋势才会更为明显，有时也会出现明明是阴线却处于上升状态、明明是阳线却处于下降状态的情况。因此，学好 K 线应从其基本的知识入手去认真学习。

（2）投资者在认识阴线与阳线时，要明白，一根 K 线无论是阴线还是阳线，是有着不同的周期区别的，如日线图上的一根 K 线，所代表的是股价在一个交易日内的涨跌，而月线上的一根 K 线，则代表着在这一个月内股价的涨跌。

4.2.2 长阴线与中阴线

长阴线，是指当 K 线表现为绿色的阴线时，其实体长度极长，这往往意味着在这根 K 线的周期内，股价开盘价与收盘价之间的价格差较大，即在这一时间内的股价上下波动幅度较大；中阴线，则是指阴线的实体长度相对较长，同样说明在这一周期内，股价在开盘价与收盘价之间上下波动的幅度较大。但是，市场上对于长阴线与中阴线的划分并没有一个具体的标准，所以，只要是对于那些实体相对较长的阴线，均可统称为长阴线或中长阴线。长阴线经常出现在反弹行情的末端或上涨趋势转下跌趋势的初期，是一种"杀伤力"极大的 K 线形态，但利用中长阴线判断行情时，应结合这一周期的成交量水平来综合判断。在认识长阴线与中阴线时，要明确的一点是，阴线实体最上沿处为这一周期的开盘价，而阴线实体最下沿处为这一周期的收盘价。

实战案例：

如图 4-7 北陆药业（300016）日线图所示，A 区域的绿色竖立的阴线实体极长，为长阴线；而 B 区域的绿色阴线实体相对较长，为中阴线。然而在实战时，投资者可将二者统一称为中长阴线，代表着当日股价上下波动的幅度较大，即开盘价较高，开盘后又出现了较大幅度的下跌。

图4-7　北陆药业日线图

注意事项：

（1）投资者在实战期间，无须过于在意一根阴线是中阴线，还是长阴线，只要发现阴线实体较长时即可确认为中长阴线，只要明白其代表股价由开盘到收盘是大幅下跌的即可。

（2）中长阴线是一种短线"杀伤力"极强的 K 线，尤其是对于科创板或创业板中的股票，因其单日最大涨跌停的幅度为 20%，所以，当其在高位区出现时，应果断根据量能情况及时卖出股票。

4.2.3　上影线与下影线

上影线与下影线统称为影线，位于 K 线实体上方的直线叫上影线，代表着股价盘中快速上冲后的回落，而上影线的最上方处为股价在这一周期内的最高价；下影线则是出现在 K 线实体下方的直线，代表着盘中股价快速下跌后的回升，而下影线的最下方处为股价在这一周期内的最低价。因此，投资者在充分了解 K 线上影线与下影线的情况后，就会明白一个道理，即上影线的出现，意味着股价在盘中快速冲高后的快速回落，往往股价在持续上涨的高位区时，这种较长上影线的出现，说明市场资金对股价未来走势所产生的分歧。若是下影线较长，且出现在股价持续大幅下跌的时候，往往说明股价快速探底的快速回升，是股价触底后止跌回升的征兆。因此，当上影线或下影线较长，且出现在特定的位置时，具有不容忽视的实战意义。

实战案例：

如图 4-8 网宿科技（300017）口线图所示，无论是 A 区域的阳线，还是 B 区域的阴线，出现在实体上方的线均为上影线，代表着股价盘中上冲后的回落；出现在实体下方的线均为下影线，代表着股价在盘中向下回落后的回升。

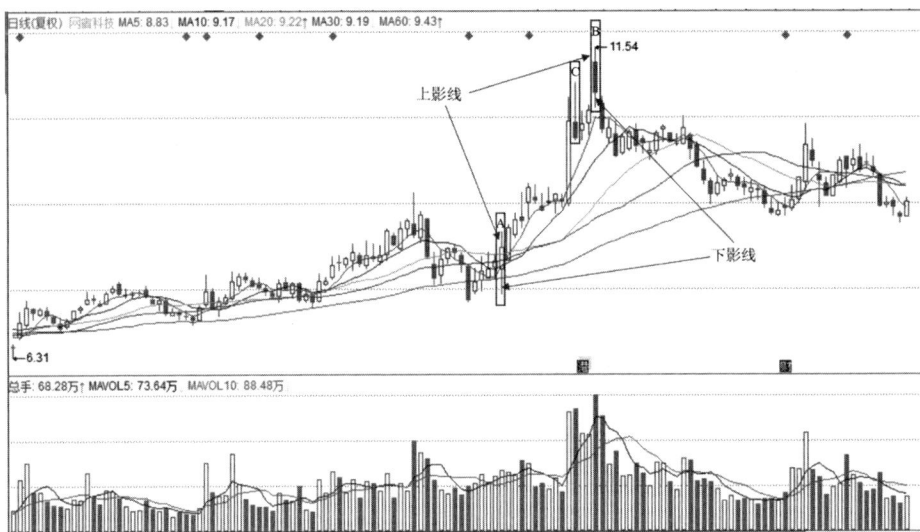

图4-8　网宿科技日线图

注意事项：

（1）当股价出现快速冲高期间，为阴线时超过了开盘价后出现回落，或为阳线时超过了收盘价后出现了回落，才会形成上影线；股价出现快速下跌，为阴线时跌破了收盘价出现回升，即回升中价格高于最低价，或是为阳线时股价盘中跌破了开盘价，并回升到开盘价之上，才会形成下影线。

（2）并不是每一根 K 线都必须出现上影线或下影线，只有股价在盘中出现了一定程度的上下波动，才会形成影线，向上波动大时出现的是上影线，向下波动大时出现的是下影线。因此，影线出现在 K 线身上时，代表的即是股价在开盘价与收盘价上下波动。

4.2.4　小阴小阳线

小阴小阳线是一种 K 线组合形态，是指当 K 线出现时，实体均较为短小，影线即便存在也并不是很长，甚至是表现为无实体、只有影线的十字星，或呈阳线，或呈阴线，并且这些 K 线均保持在一个相当的水平，呈小幅震荡。这种形态往往意味着股价的盘整，但是在反弹行情的高位区，也经常会出现这种小阴小阳线状态，且成交量缩减到较低的水平，这往往意味着反弹的结束。因此，在学习 K 线时，投资者应充分了解这种小阴小阳线的 K 线组合形态。

实战案例：

如图 4-9 大禹节水（300021）日线图所示，在 A 区域，K 线均表现为实体较短小的阴线或阳线，甚至是小十字星，且无论是上影线还是下影线，也均较短小，为小阴小阳线，代表着股价的盘整，而成交量也表现为低量状态的小阴小阳量。因此，这类状态是最容易出现变盘的形态，若是出现在高位，则应选择卖出股票。

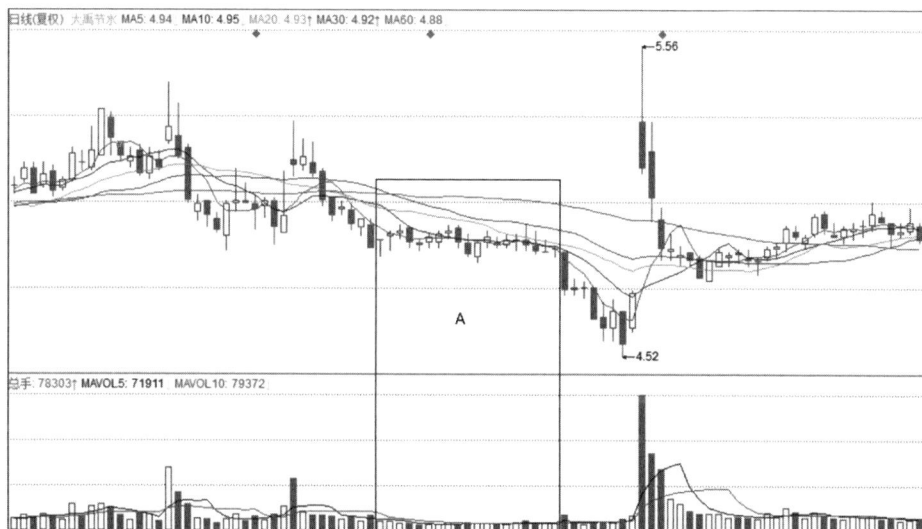

图4-9 大禹节水日线图

注意事项：

（1）小阴小阳线出现时，应配合当时的量能水平来综合判断行情，同时，也要结合之前的趋势形态来研判后市，因为在通常情况下，小阴小阳线盘整后，趋势会回归之前的运行方向。

（2）小阴小阳线出现时，若是出现在反弹的高位区，往往有着量能处于缩减，或保持之前水平的状态，只要发现这种小阴小阳线的震荡，从重心或高点上观察，略向右侧下方运行，则往往是不明显的变形中冲剑形态，应提早卖出股票。

4.2.5 孕　　线

孕线，是由两根 K 线组合而成的一种特殊形态，是指上一根 K 线为实体较长的阳线，其后出现的一根 K 线实体却很小，且并不太长，其高低点均在上一根 K 线最高点与最低点之间，就像是一个母亲怀抱着自己的孩子，因此叫孕线，或子母线，同时又称为抱线。这种形态出现时，往往意味着上涨即将结束，因此它在反弹行情的末端，或是上涨行情结束的高位区出现时，是一种股价见顶的征兆。投资者在学习量价时，一定要明白这种 K 线组合形态。

实战案例：

如图 4-10 机器人（300024）日线图所示，股价在持续上涨中进入了 A 区域，先是出现了一根长阳线的上涨，创出 12.96 元的新高，接着在下一个交易日却直接低开，向上冲时并未刷新高点，而是出现了震荡，收于一根实体较小的阳线，其高低点均在上一根长阳线的最高价与最低价范围内，形成了孕线，虽然两个交易日的交易量均为表现大量状态的阳量，但却形成了变形中冲剑卖股形态，因此，应在 A 区域右侧 K 线当日收盘前，应果断卖出股票。

图4-10　机器人日线图

注意事项：

（1）孕线是一种重要的 K 线组合形态，出现在上涨趋势中的高位区时，是一种股价短期见顶的 K 线形态，因此，投资者在根据一阳指战法实战时，一旦遇到反弹变反转类行情，只要出现高位孕线，就应果断卖出股票。

（2）在反弹行情中，若是出现孕线形态，往往意味着反弹的无力，在此期间，无须量能有什么明显变化，或是毫无其他任何征兆，因此，孕线在一阳指战法中被划归到变形中冲剑的卖股形态中。

4.3　量价在一阳指战法中的应用

4.3.1　放量长阳：标准的强势反转一阳指买入形态

放量长阳，是指出现一根明显要高于上一根成交阳量柱的同时，K 线也表现为一根极长的阳线或中阳线。这种形态，事实上就是一阳指买入形态中最为标准的，当这种情况出现在持续弱势的状态中时，往往是股价短期见底回升的征兆。因此，投资者在根据一阳指战法实战期间，只要发现这种放量长阳，即应果断买入股票。但是，在实战期间，投资者一定要识别出两种变形的情况：一种是放量时量柱不明显，阳线或较长或较短，为光头阳线，这种情况或是因股价高开后快速涨停，或是高开较大，使得阳线实体不长，量能未明显放大，是盘中快速涨停所导致的，所以其是一种最为强势的放量长阳；另一种是类放量长阳，出现时阳线很长，但成交量柱却并未明显变长，这时应小心谨慎，可迟一个交易日，观察到强势时再买入，否则就应放弃。

实战案例：

（1）标准放量长阳。如图 4-11 阳普医疗（300030）日线图所示，股价在持续下跌中，进入了 A 区域，形成了 K 线的长阳线，成交量表现为大量状态的阳量，既为大量状态的标准放量上涨的量价形态，又为标准的放量长阳的一阳指强势反转形态，投资者应果断买入股票。

图4-11　阳普医疗日线图

（2）变形放量长阳。如图 4-12 达华智能（002512）日线图所示，股价在持续下跌中进入了 A 区域，虽然先是出现了一根中阳线，但量能放大不明显，所以不可买入。其后在同样量能水平整理后，A 区域内右侧 K 线再次出现了一根较长的中阳线，成交量同样没有明显放大，为当时的地量水平，但 K 线为一根光头阳线，从小对话框内可以发现，股价当日出现了快速涨停，因此为最强势的变形放量长阳的一阳指形态，应果断在 A 区域内右侧 K 线涨停前买入股票。

（3）类放量长阳。如图 4-13 华谊兄弟（300027）日线图所示，股价在持续下跌中进入 A 区域后，出现了一根较长的中阳线，但成交量未出现明显放大，所以，尽管形成了类放量长阳的一阳指形态，投资者也不可贸然买入，而应在其后发现持续量价齐升时再买入股票。

注意事项：

（1）放量长阳看起来只有一根 K 线和一根成交量柱，但其出现时却有着三种不同的情况：一是标准的放量长阳，二是变形放量长阳，三是类放量长阳。所以，投资者在实战期间遇到时，一定要准确判断出是哪种情况，以便及时应对。

图4-12　达华智能日线图

图4-13　华谊兄弟日线图

（2）当出现巨量长阳时，应再观察一个交易日，只有形成持续大量长阳时方可买入，否则就应在股价企稳后再买入。

4.3.2 温和放量上涨：变形一阳指持续转强形态

温和放量上涨，是指 K 线在持续上涨中，成交量柱也保持着较小幅度的增长，通常情况下，在判断这种量价形态时需要有至少三根量柱和三根 K 线，最多不会超过五根。而这种形态是一种相对缓慢的趋势转强征兆，因此是变形一阳指形态中股价持续转强的情况，一旦出现，同样要及时买入股票，因为温和放量上涨只是上涨初期的转强征兆，并不意味着其后的行情会持续这种状态，反而是许多在弱势震荡中突然启涨行情反转的股票，经常在初期转强时以这种形态出现，随即开始了快速持续的上涨。

实战案例：

如图 4-14 天源迪科（300047）日线图所示，股价在持续下跌中进入 A 区域后，虽然最左侧出现了阳线阳量的止跌回升，但阳线并不长，阳量也未出现明显放量，应持续观察，其后发现量能出现了小幅的温和放量，股价也明显在持续上涨，形成了温和放量上涨的变形一阳指形态，投资者应果断买入股票。

图4-14　天源迪科日线图

注意事项：

（1）温和放量上涨出现时，若是出现在长期的弱势状态中，则需要量能略高于震荡行情的地量水平，否则，就是股价的正常震荡。

（2）投资者根据一阳指战法买入股票期间，若发现温和放量上涨中的 K 线为光头阳线，则往往是以当日最高价收盘，或是出现了涨停，此时应果断买入股票，因为这是最为强势的一种看似温和放量上涨的量价形态。

4.3.3 放量长阴或长上影阴线：标准中冲剑卖出形态

放量长阴是指成交量为阴量柱放大状态时，K 线为一根较长或极长的中长阴线；放量长上影阴线，则是成交量为阴量放大状态时，K 线为一根实体相对较短、上影线极长的阴线。只要这两种量价形态出现，就形成了标准的中冲剑卖股形态，因为这两种量价形态看似仅仅只有一根 K 线和一根成交量柱，实际上却是短期破坏力极强的量价形态，说明股价短期的强势已快速转变为强烈的弱势，因此其是一种卖出股票的形态。

实战案例：

（1）放量长阴。如图 4-15 福瑞股份（300049）日线图所示，若投资者于 A 区域根据一阳指形态买入这只股票，其后股价在持续上涨中，进入了 B 区域，出现了一根实体较长的中长阴线，成交量为一根明显大幅放量的大阴量柱，因此为放量长阴状态的标准中冲剑形态，应果断卖出股票。

（2）放量长上影。如图 4-16 中创环保（300066）日线图所示，若投资者在 A 区域根据一阳指形态买入了股票，股价在持续上涨中进入了 B 区域时，在 K 线上形成了一根上影线极长、实体极短的长上影阴线，成交量表现为一根放量程度达到天量的巨量阴量，为放量长上影的中冲剑形态，应果断卖出股票。

图4-15　福瑞股份日线图

图4-16　中创环保日线图

注意事项：

（1）放量长阴或长上影阴线是两种量价形态，放量长阴是指放量长阴线，而所谓的长上影则是放量长上影阴线的简称。在这两种形态中，放量是一样的，保持大量状态或放量状态的阴量即可。不同的是 K 线，一种是中长阴线，另一种要求上影线必须达到实体的两倍以上。

（2）在实战中，一旦股价在高位区出现了放量长阴或长上影时，不管是否符合标准，只要阴量放大明显，甚至是大量阴量时，即应果断卖出股票，而不要纠结于是否形成了中冲剑形态。

（3）在实际走势中，经常会在高位区成交量出现一种大量或巨量的状态下，K 线出现带长上影线的阳线，这时一定要结合盘口的主力净流出状态来进行具体判断，多数只要主力资金在大举流出，同时形成一种变形的中冲剑形态时，也应及时卖出股票。

4.3.4 高位震荡放量小阴小阳: 变形中冲剑卖出形态

高位震荡放量小阴小阳，是指股价持续在高位震荡期间，至少有两根 K 线，通常表现为三根 K 线，可表现为小阳线或小阴线，甚至是十字星的形态，只要是发现，这数根 K 线保持震荡，在右侧的 K 线未刷新之前的高点的情况下，成交量只要保持着当前较高的量能水平，或是放量的状态时，即可确认为一阳指战法中变形中冲剑形态，应中止继续持股，果断卖出股票。因为股价在高位区已出现了分歧，后市变盘的概率极高，即便短期仍会略有冲高行为，但行情往往也不会持久，所以是卖出股票的时机。

实战案例:

如图 4-17 海兰信（300065）日线图所示，若投资者在 B 区域根据一阳指形态买入了这只股票，股价在其后的持续上涨中，一旦进入了 A 区域，K 线出现了四根实体及影线均短小的阴线与阳线，同时，成交量柱持续保持在当前较高量能水平，为高位震荡放量小阴小阳的量价形态，属于变形中冲剑形态，应果断卖出股票。

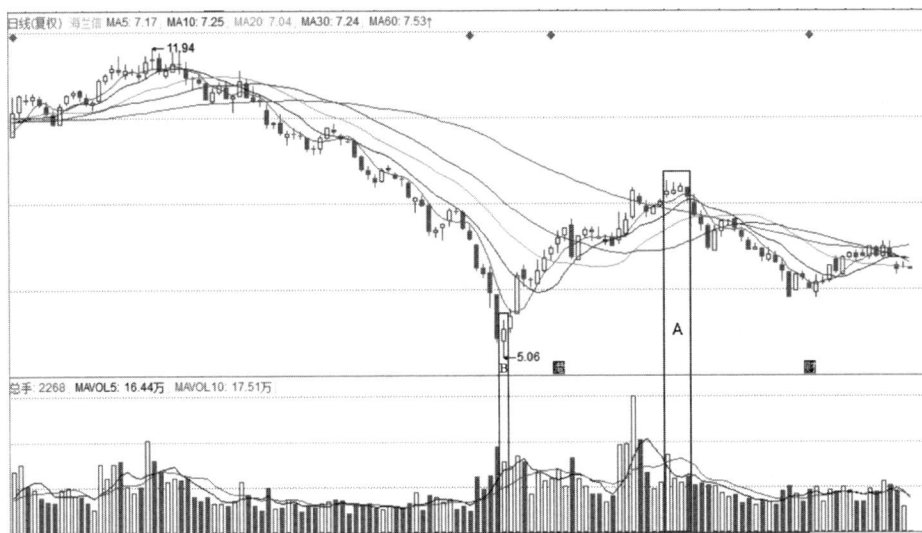

图4-17 海兰信日线图

注意事项：

（1）在高位震荡放量小阴小阳线形态中，主要有两种量价形态：一是成交量保持着当前较高水平或是放量状态，二是股价处于反弹的高位区或持续上涨的高位区。只要满足这两种情况，即可确认为变形中冲剑形态。

（2）高位震荡放量小阴小阳线形态一旦出现在持续上涨的高位区时，往往是上涨趋势反转向下的初期征兆，是主力隐藏出货的一种方式，此时只要观察盘口主力净流出状态即可发现这一点，所以只要发现即应卖出股票。

4.3.5 低开持续放量低走：中冲剑形态初期的卖股最佳时机

低开持续放量低走，是一种股价短期弱势中更为直观的量价形态，在日线图上，表现为K线出现时，明显低于上一根K线的实体，通常上一根K线为阳线，然后K线开始向下运行，即阴线实体向下拉长。然而，在观察这种量价形态时，通常是在分时图上，分时图上这种量价齐跌的情况会更明显，即股价线在昨日收盘价下方出现后，持续向下运行，同时，成交量保持着放大状态，所以是一种弱势转的分时弱势，即只要是日线上形成了中冲剑形态，分时图上一出现低开持续放量低走的情况，就是最好的卖股时机。

实战案例：

如图 4-18 当升科技（300073）日线图叠加 2024 年 4 月 12 日分时图所示，若投资者在 A 区域根据一阳指形态买入了股票，股价在其后的持续上涨中，一旦进入 B 区域，在阳线上涨中，突然出现低开短时上冲后转下行的阴线阴量状态，这一点若是在即时行情中，可通过 B 区域阴线实体上沿在上一根阳线实体上沿的位置判断出，即 B 区域在开盘及冲高中均未超过上一根阳线实体上沿（当日收盘价），所以必然表现为阴线阴量状态。这一点，可直接通过叠加的当日分时图清晰地看到，C 区域股价线出现时，明显是在昨日收盘线下方的位置，且股价在开盘的震荡上行中并未向上触及昨日收盘线即转震荡下行，尤其是在 D 区域时，股价线明显在下行中，成交量出现了明显的持续放大。因此，可确认为日线图中冲剑形态形成初期分时图上低开持续放量低走的短时弱势状态，应果断在 D 区域卖出股票。

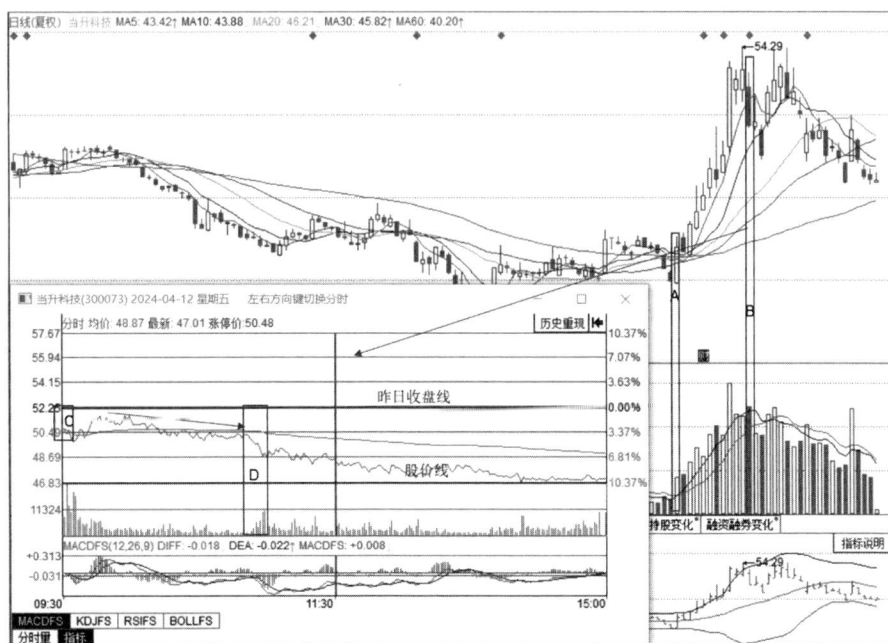

图4-18　当升科技日线图叠加2024年4月12日分时图

注意事项：

（1）低开持续放量低走的量价形态，可以出现在日线图上，也可以出现在分时图上，但因为周期图不同，所以其表现形式也会不尽相同，但股价的短期弱势却是一样的。

（2）在实战应用中，低开持续放量低走更多的是在日线图上形成了中冲剑形态的初期形态，即尚未能够完全确认中冲剑是否会成立，若分时图上表现为低开持续放量低走，即应当即确认为中冲剑形态，及时卖出股票。

第5章

选股:
会选股才能买到好股

选股在一阳指战法中是一个最为关键的环节,虽然选股并不涉及股票交易,但却是股票交易前最为重要的一个环节,因为只有选到了好股票,才能在其后买到好股票。因为在一阳指战法中,所有观察和判断买入股票时的目标股,都必须是符合选股要求的目标股。

5.1 选股策略

5.1.1 技术面为主、基本面为辅的选股策略

投资者在根据一阳指战法选股期间，一定要遵循"技术面为主、基本面为辅"的选股策略。这是因为，技术面是股价运行规律中所呈现出的波动形态，是股价涨跌转换前的主要体现，所以，应以技术面的表现确认股票是否未来存在强势的可能。选股时选的是一只股票的未来，而非当下，而一只股票未来是否能够出现强势走势，从涨跌规律来看，是看其弱势整理是否充分。因此，股票弱势的技术面是选股的根本。但是，在注重技术面的同时，也不可忽略基本面，因为股价的上涨虽说从市场角度看，与业绩的关联并不大，但不可否认的是，基本面的优良，是股价上涨的最终动力。所以，投资者选股时不可忽视基本面，应采取技术面为主、基本面为辅的选股策略。

实战案例：

如图 5-1 华建集团（600629）月线图所示，投资者在选股期间，应首先以技术面为主去选股，如海选到了图 5-1 中的华建集团时，发现在月线图上的整个 A 区域，K 线长期保持在一个下跌后的低位，呈现出小幅的上下震荡，为明显的长期弱势震荡整理的状态，因此，符合技术面选股的要求，这时方可观察其基本面。

图 5-2 为华建集团在个股资料内的财务分析，在观察基本面时，点击左上方的"按年度"，可以看出，这家上市公司在 2021—2023 年，净利润一直保持在 3 亿~5 亿元，业绩稳定，基本每股收益保持在 0.44~0.45 元，净资产收益率保持在 8%~11%，说明公司盈利能力较好，为业绩优良的股票，符合基本面选股的要求。

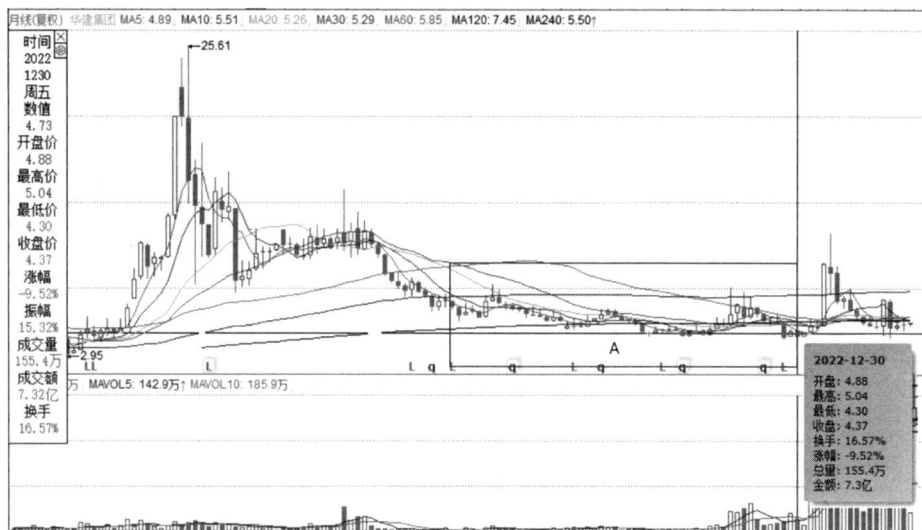

图5-1　华建集团月线图

科目\年度	2023	2022	2021	2020	2019	2018
成长能力指标						
净利润(元)	4.25亿	3.85亿	3.28亿	1.74亿	2.75亿	2.64亿
净利润同比增长率	10.35%	17.62%	88.42%	-36.78%	4.35%	2.78%
扣非净利润(元)	2.89亿	2.61亿	2.55亿	8404.30万	2.35亿	2.17亿
扣非净利润同比增长率	10.89%	2.29%	203.14%	-64.17%	8.25%	0.53%
营业总收入(元)	90.59亿	80.40亿	90.55亿	86.14亿	72.09亿	59.59亿
营业总收入同比增长率	12.68%	-11.21%	5.12%	19.49%	20.34%	12.65%
每股指标						
基本每股收益(元)	0.4500	0.4400	0.4400	0.2800	0.5257	0.5081
每股净资产(元)	5.12	4.66	5.13	5.59	5.47	6.24
每股资本公积金(元)	2.46	2.43	2.34	2.71	2.74	3.31
每股未分配利润(元)	2.39	1.97	2.56	2.54	2.38	2.49
每股经营现金流(元)	0.47	0.48	1.23	2.28	0.79	0.78
盈利能力指标						
销售净利率	5.11%	5.52%	4.32%	2.76%	4.44%	5.14%
销售毛利率	23.42%	23.88%	20.43%	20.39%	22.63%	25.45%
净资产收益率	8.95%	9.51%	10.54%	5.90%	9.68%	10.18%
净资产收益率-摊薄	8.55%	8.52%	10.07%	5.83%	9.32%	9.77%

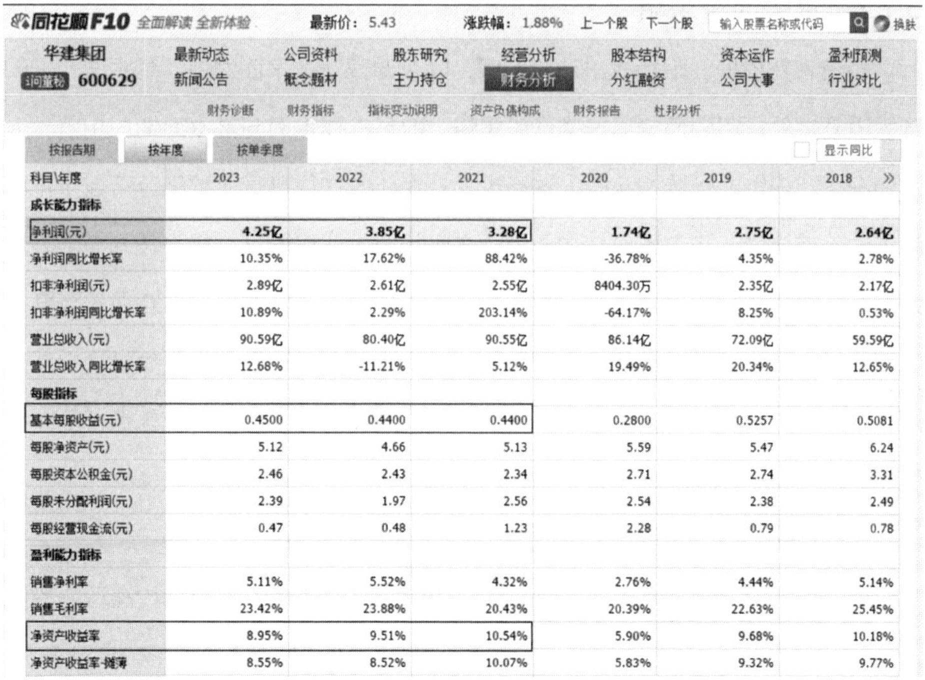

图5-2　华建集团个股资料财务分析

综合以上两个方面，可以得出结论，华建集团是符合技术面与基本面要求的股票，可将其列为优选的目标股。这就是在以技术面为主、基本面为辅助选股策略下得出的结果。

注意事项：

（1）技术面的弱势整理充分，是一只股票未来是否具有上涨可能的前期技术形态，但如果失去了基本面的支持，股价也是难以出现大幅上涨的，因此，在选股时，必须以技术面为主、基本面为辅。

（2）如果在选股时，当一只股票的基本面一般，但技术面完全符合要求时，也不应将其列为目标股，因为基本面弱的股票，其技术面通常会表现为长期弱势震荡整理的形态，这主要是由业绩差、受市场关注度不高所致，反而应回避这类股票。

5.1.2 龙头选股策略

投资者在根据一阳指战法选股期间，除了要遵守技术面为主、基本面为辅的选股策略之外，还要遵守另一条选股策略，就是在技术面与基本面情况相差不大的情况下，一定要优选龙头股。这是因为，龙头股往往是行业或细分行业中排名前三的上市公司，其市场份额与业绩，在同行业中位居前列，其在技术面上表现为弱势，往往是行业受到了周期的影响，或市场较差，而由于龙头企业一旦度过了困难期，其业绩会远远领先行业内其他上市公司，最容易率先引领板块出现上涨。因此，在选股期间，投资者一定要牢记，同等弱势下选股，应优选行业龙头股或细分行业龙头股。

实战案例：

若投资者在 2024 年 5 月采用技术面选股时，同时选中的两只传媒行业的股票，如果是图 5-3 中的分众传媒（002027）和图 5-4 中的易点天下（301171），观察两只股票在个股资料内的最新动态可发现，虽然两只股票均属于传媒行业，但在公司亮点栏目中显示了两家公司的区别，易点天下主要业务集中在国外的互联网营销商，而分众传媒则是中国最大的生活圈媒体平台，是在全球范围内首创了电梯媒体的企业，明显为传媒行业中的龙头企业，同时，它又为二线蓝筹股，为选股时的优选品种。所以，若是其技术面上均符合要求的话，则即可将其列为优选的目标股，这种选股方法，就是在一阳指战法中龙头选股策略下的选股结果。

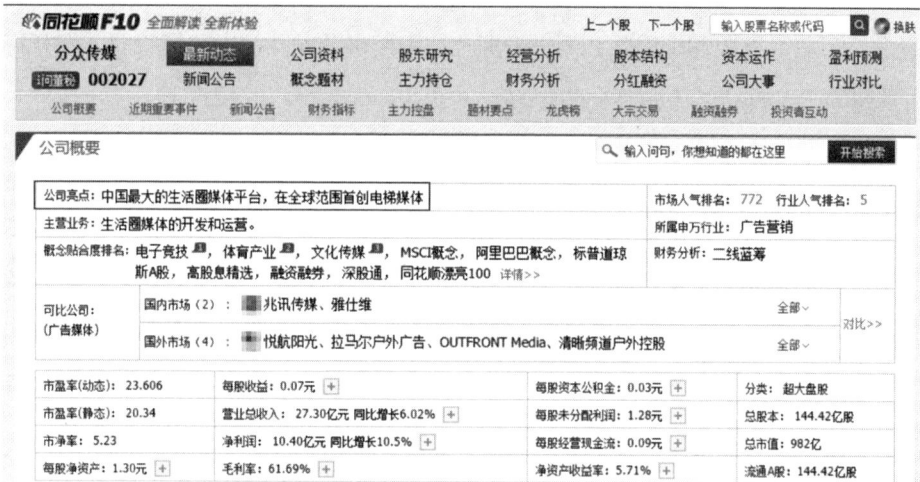

图5-3　分众传媒个股资料最新动态

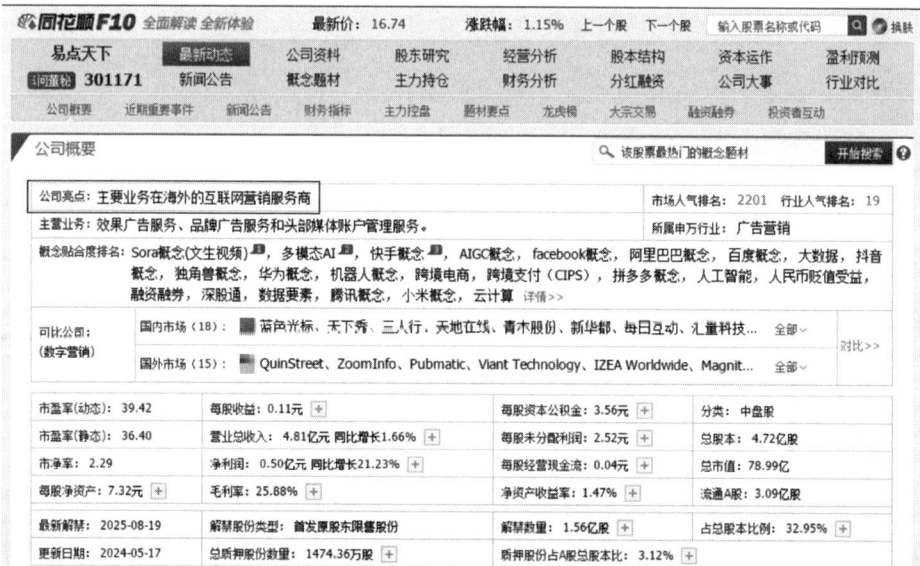

图5-4　易点天下个股资料最新动态

注意事项：

（1）投资者在根据一阳指战法实战选股时，优选龙头股是一条必须牢记的选股策略，因为龙头股在弱势时一旦转强，往往短期涨幅更为可观，也容易在业绩转强的背景下，走出一波由弱势快速反转为上涨的行情。

（2）一阳指战法中的龙头股与市场上所讲的龙头股略有不同，市场上的龙头股多为行业或板块的领涨股，而一阳指战法中所讲的龙头股，是指行业或细分行业内处于龙头地位的上市公司的股票。

5.1.3　弱中择强选股策略

投资者在根据一阳指战法选股期间，同样要牢记另一个选股策略——弱中择强。但要做好这一点，必须先了解如何才算是弱中择强。弱，就是技术上呈现出符合选股要求的弱势震荡整理；强，则是基本面的强。也就是说，投资者在选股时，若发现几只股票中，技术面均表现为弱势震荡整理时，对于基本面强的股票，应优先考虑列为目标股，即在将目标股放入股票池内时，应作为单独类别对待。因在技术面相差不大的情况下，若是哪只股票的基本面更强，则往往意味着这家公司的盈利能力更强，其后股价一旦转强时，哪怕只是弱势反弹，行情也是可期的。

实战案例：

如果投资者在选股期间，看到了如图 5-5 所示的昆仑万维（300418）周线图，发现在 A 区域，股价表现为较长时间在一个弱势平台处于小幅震荡的弱势横盘震荡整理时，则 2024 年 5 月的技术面，是符合长期弱势震荡整理这一技术面弱势要求的，这时就要观察其基本面，看是否足够强了。

图 5-6 为昆仑万维在个股资料内的财务分析，这家上市公司在 2021—2023 年，净利润一直保持在 11 亿 ~16 亿元，业绩稳定；基本每股收益保持在 0.9~1.4 元；净资产收益率保持在 9%~16% 的水平，明显为盈利能力强、业绩优良的股票，其财务指标数据远高于选股的最低标准，因此，属于基本面强的股票。

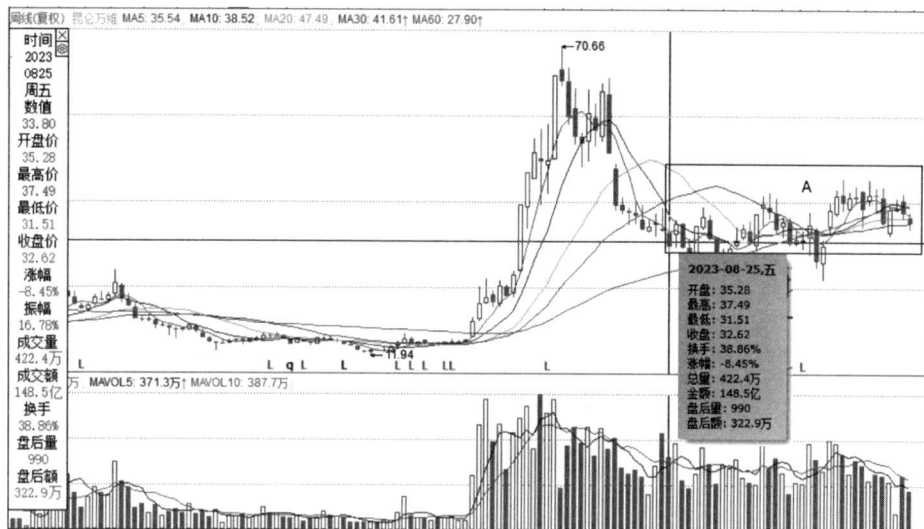

图5-5　昆仑万维周线图

同花顺F10 全面解读 全新体验　最新价：37.09　涨跌幅：1.04%　上一个股　下一个股

昆仑万维 300418

科目\年度	2023	2022	2021	2020	2019	2018
成长能力指标						
净利润(元)	**12.58亿**	**11.53亿**	**15.47亿**	**50.42亿**	**12.95亿**	**10.06亿**
净利润同比增长率	9.15%	-25.47%	-69.32%	289.27%	28.73%	0.74%
扣非净利润(元)	6.60亿	11.54亿	12.85亿	20.67亿	12.68亿	9.48亿
扣非净利润同比增长率	-42.85%	-10.15%	-37.85%	63.01%	33.75%	-4.12%
营业总收入(元)	49.15亿	47.36亿	48.50亿	54.20亿	36.88亿	35.77亿
营业总收入同比增长率	3.78%	-2.35%	-10.51%	-25.72%	3.09%	4.10%
每股指标						
基本每股收益(元)	1.0500	0.9700	1.3100	4.3300	1.1300	0.8800
每股净资产(元)	12.49	10.71	8.67	8.25	4.09	4.48
每股资本公积金(元)	2.05	1.23	0.94	0.65	0.19	0.16
每股未分配利润(元)	9.58	8.83	7.85	7.48	3.32	2.64
每股经营现金流(元)	0.73	0.70	0.98	0.62	1.02	1.28
盈利能力指标						
销售净利率	31.19%	26.05%	30.54%	182.24%	37.61%	41.86%
销售毛利率	78.84%	78.85%	71.72%	79.19%	79.42%	82.61%
净资产收益率	9.05%	10.04%	16.12%	68.86%	25.83%	15.08%
净资产收益率-摊薄	8.29%	9.08%	14.90%	51.60%	27.61%	19.51%

图5-6　昆仑万维个股资料财务分析

综合以上两个方面，可以得出结论，昆仑万维这只股票在 2024 年 5 月期间，表现为技术面的弱势和基本面的强势，完全符合弱中择强选股策略下的选股标准，因此，应将其列为优选品种的目标股。

注意事项：

（1）弱中择强是选股时一条重要的选股策略，因为只有在这一策略下去选股，才能选到后市转强后更为安全，同时短期涨幅也更可期的目标股，尤其是技术面表现为短期弱势下跌类的股票。

（2）选股时的弱中择强，与交易时的弱中择强是不同的。选股时的弱中择强，强调的是技术面弱势下的基本面强，而交易时的弱中择强，则是选股短线止跌回升时技术面的强。

5.2 技术面选股方法

5.2.1 长期弱势震荡整理的股票

长期弱势震荡是股价长期处于技术面弱势的一种整理形态，投资者在判断这种形态时，一定要首先选好观察的 K 线图，即观察周线图或月线图，而非日线图，因日线图上的趋势是不够稳定的，只有更长周期图上的股价呈现弱势时，其后出现反弹或快速反转的概率才更高，因此，选股时一定要观察周线图或月线图。只要 K 线在至少半年的时间内，呈现出均线缠绕的箱体震荡形态，或是横盘小幅震荡形态，即说明这只股票在技术面上是符合长期弱势震荡整理的选股要求的，这时，即可再从基本面上去判断了，在符合了基本面的要求时，即可将其列为目标股。

实战案例：

如图 5-7 天下秀（600556）周线图所示，若是投资者在选股时发现了这只股票，股价在 A 区域表现为幅度略大的长期弱势震荡整理，而其后又出现破位下跌，进入 B 区域再次形成了幅度小的长期弱势震荡整理。在 2024 年 5 月期间，其形态是完全符合技术面上的长期弱势震荡整理要求的，应再观察其基本面以确认是否将其列为目标股。

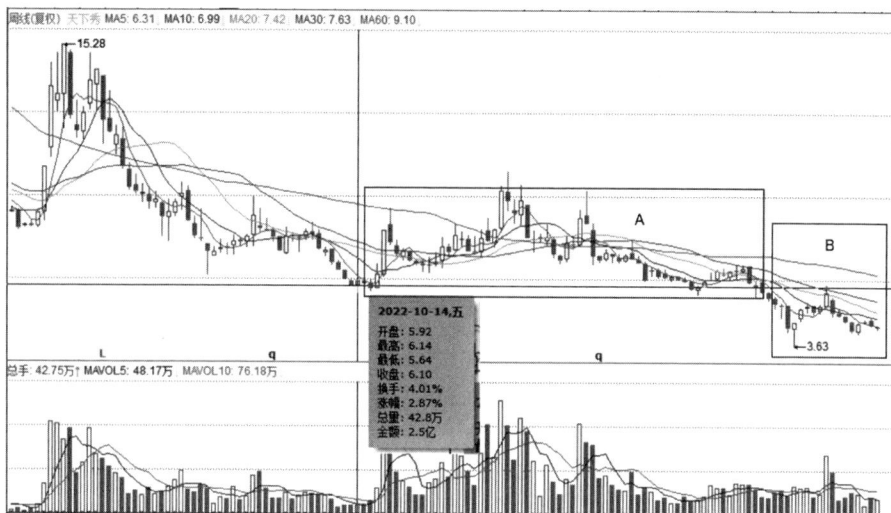

图5-7 天下秀周线图

同样是选股，若是投资者观察的是月线图，如图 5-8 天下秀月线图所示，在 A 区域股价表现为长期弱势震荡整理，尤其是到了其后的 B 区域，时间为 2024 年的 2 月、3 月、4 月、5 月这四个月，K 线表现为横盘震荡走势，水平位置与股价从 A 区域下跌后开始下探之前的低点 C 区域相同。因此，在 B 区域末端的 2024 年 5 月，这只股票同样是符合技术面选股时的长期弱势震荡整理要求的。

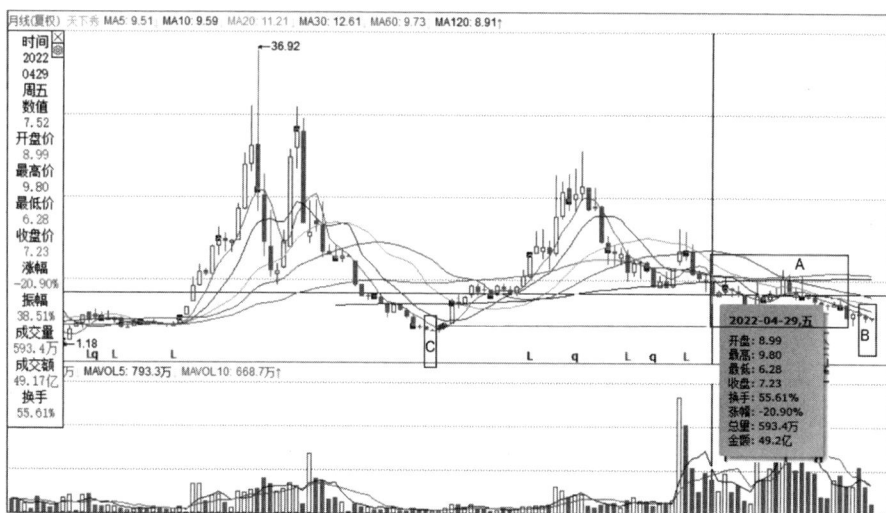

图5-8 天下秀月线图

从以上可以看出，投资者无论是通过周线图还是月线图来选股，其结果均是一样的，反而是在更长周期的月线图上，更能够看清一只股票长期的低点与支撑等情况。

注意事项：

（1）投资者在技术面选股时，长期弱势震荡整理是一种重要的技术形态，理论上是只要在周线图或月线图上有半年期间的弱势震荡即符合要求，但原则上是越久越理想。

（2）当一只股票在周线图或月线图上表现为长期弱势震荡时，可表现为震荡幅度略大的箱体震荡，也可表现为震荡幅度较小的横盘震荡。

5.2.2　短期震荡下跌的股票

短期震荡下跌的股票，是指在周线图或月线图上，当一只股票表现为明显的主要趋势为上涨趋势，但却出现了短线的下跌，即上涨主要趋势中的短期下跌行情时，尤其是周线图或月线图上的上涨趋势形成后的首次回调整理时，往往是最为理想的选股形态。只是在判断这类行情时，往往在周线图上，行情表现会更为明显，当均线多头排列，出现了 K 线或短期均线的向下运行或横盘小幅震荡时，即可确认短期震荡下跌。若观察的是月线图，则只需要月线图上的一根 K 线表现为下跌或是上影较长状态时，即可确认为短期震荡下跌。确认完成后，还需再去观察其基本面，只要符合基本面选股的要求，即可将其列为目标股持续观察。

实战案例：

（1）如图 5-9 中国铝业（601600）周线图所示，投资者若在 2024 年 4 月选股时，发现这只股价表现为 B 段明显的五线向上的均线多头排列的上涨趋势，且在 A 区域出现短时横盘震荡的回调整理，此时这只股票符合了技术面要求的短期震荡下跌的弱势形态要求，应再观察其基本面，以确认是否将其列为可操作的目标股。

图5-9　中国铝业周线图

（2）如图 5-10 长江电力（600900）月线图所示，在经历了下段的走势后，趋势明显表现为五线向上发散运行的均线多头排列，意味着股价进入了上涨趋势，对于其后的 A 区域、B 区域、C 区域、D 区域、E 区域等，当 K 线在月线图上出现弱势调整时，该股即符合了短期震荡下跌的技术要求，应及时观察其基本面来确认是否将其列为可操作的目标股。而从安全的角度出发，上涨趋势成立后的前两次下跌调整，即 A 区域和 B 区域，往往操作最为安全。因为这只股票属于长牛股，所以，才表现出了如此多的短期弱势震荡下跌的短线可操作机会。

图5-10　长江电力月线图

注意事项：

（1）对于短期震荡下跌类的股票，在选股时，投资者同样要观察周线图或月线图，主要是指在周线图或月线图上股价呈现出了上涨趋势中的短线调整行情，通过均线多头排列来判断上涨趋势即可，只要 K 线或短期均线出现下跌，即可确认其符合要求。

（2）投资者在根据短期震荡下跌选股时，因考虑到在长周期图上反映的股价短期趋势不明显，所以，投资者只要同样按照长期弱势震荡的要求选股即可。只要是发现长期弱势震荡类股票已经出现走强时，即可通过日线图去观察其是否呈现出了明显的弱势，但此时日线图上的弱势，则要求为日线均线空头排列的下跌趋势。

5.3 基本面选股方法

5.3.1 基本要求

投资者在通过基本面选股时，基本要求是通过基本面选股时的最低标准，主要从三大财务指标来观察：一是净利润，只要最近三年持续保持稳定的盈利状态即可；二是基本每股收益，只要最近三年持续保持在 0.2 元的水平即可；三是净资产收益率，只要最近三年持续保持在 5% 的水平即可。投资者在观察时，一定要选择上市公司财务概况中最近三年的情况来观察，但以上的财务指标不是标准，只是一个基本的水准，这意味着，在满足了上面要求的情况下，指标的数值越高，基本面越理想。

实战案例：

如图 5-11 中国太保（601601）在个股资料内的财务分析所示，在 2021—2023 年，其在净利润上一直保持在 260 亿 ~380 亿元的水平，可是说是一家年收益过百亿元的企业，业绩稳定；基本每股收益保持在 2.7~3.9 元，赚钱能力突出；净资产收益率保持在 10%~13%，明显为业绩优良的绩优股，符合技术面选股的要求。因此，一旦其技术面符合选股要求，则妥妥为业绩长年优良的优选品种。

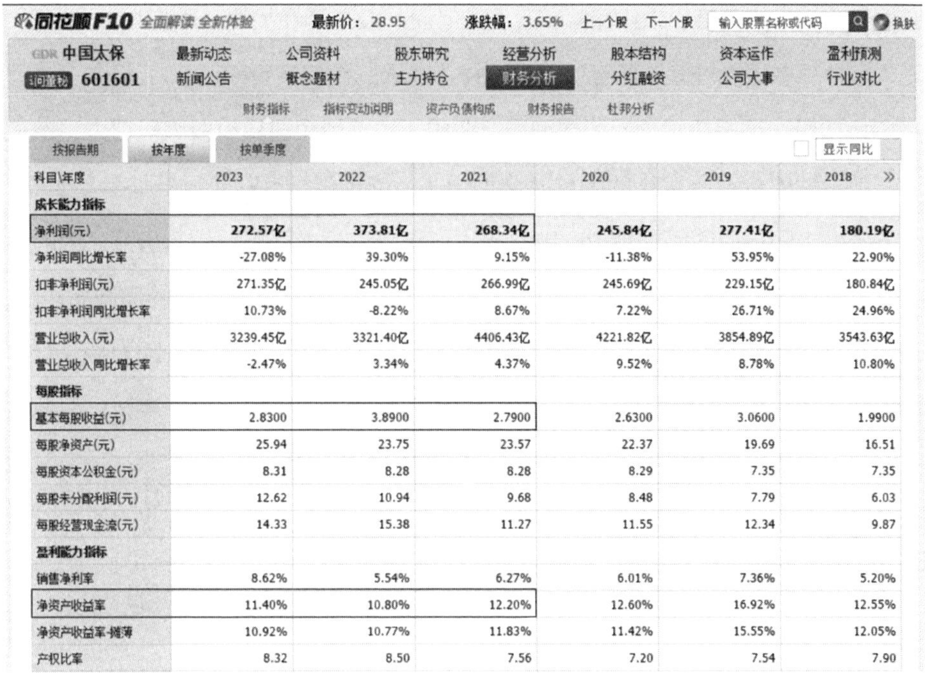

科目\年度	2023	2022	2021	2020	2019	2018
成长能力指标						
净利润(元)	272.57亿	373.81亿	268.34亿	245.84亿	277.41亿	180.19亿
净利润同比增长率	-27.08%	39.30%	9.15%	-11.38%	53.95%	22.90%
扣非净利润(元)	271.35亿	245.05亿	266.99亿	245.69亿	229.15亿	180.84亿
扣非净利润同比增长率	10.73%	-8.22%	8.67%	7.22%	26.71%	24.96%
营业总收入(元)	3239.45亿	3321.40亿	4406.43亿	4221.82亿	3854.89亿	3543.63亿
营业总收入同比增长率	-2.47%	3.34%	4.37%	9.52%	8.78%	10.80%
每股指标						
基本每股收益(元)	2.8300	3.8900	2.7900	2.6300	3.0600	1.9900
每股净资产(元)	25.94	23.75	23.57	22.37	19.69	16.51
每股资本公积金(元)	8.31	8.28	8.28	8.29	7.35	7.35
每股未分配利润(元)	12.62	10.94	9.68	8.48	7.79	6.03
每股经营现金流(元)	14.33	15.38	11.27	11.55	12.34	9.87
盈利能力指标						
销售净利率	8.62%	5.54%	6.27%	6.01%	7.36%	5.20%
净资产收益率	11.40%	10.80%	12.20%	12.60%	16.92%	12.55%
净资产收益率-摊薄	10.92%	10.77%	11.83%	11.42%	15.55%	12.05%
产权比率	8.32	8.50	7.56	7.20	7.54	7.90

图5-11　中国太保个股资料财务分析

注意事项：

（1）净利润、基本每股收益和净资产收益率仅仅是观察一家公司盈利能力大小的三个主要指标，投资者在观察时，只要数值在基本要求附近，上下偏差不过大即可，即便是在其中的某一年，某一数值略有波动也无妨，如净利润在三年中偶尔略大或略小了些，并不影响判断结果。

（2）投资者在观察公司的基本面时，一定要记住一点，上市公司的财务概况均来自公司的业绩公告，所以往往是延后的，尤其是在年中或年末，是无法及时看到当年的年度概况的，这时就需要投资者根据其前几个季度的情况来预估，或直接看其公布出的最近三年的数据。

5.3.2　蓝筹股、龙头股的选择方法

蓝筹股，是指在某一行业内占据着一定的重要支配地位、业绩优良，同时又具有着一定规模的公司所发行的股票。我国根据上市公司规模的大小不同，又将

蓝筹股分为一线蓝筹、二线蓝筹和三线蓝筹股。投资者在根据一阳指战法选股时，无须选择那些规模过大的蓝筹股，只选择二线或三线蓝筹股即可。

龙头股，是指在某一行业或细分行业内，对其他企业具有较强号召力、示范性、指导性的企业所发行的股票。这类企业，或是规模远高于同行业其他公司，或技术处于同行业的领先地位，或是市场占有率占据着同行业较高份额。因为龙头股业绩和蓝筹股一样具有一定的确定性，因此均为基本面选股时的优选品种。

在判断蓝筹股或龙头股时，投资者无须通过企业情况来判断，因为炒股软件中会明显在财务分析中注明。上市公司为蓝筹股时会显示"蓝筹"字样；而龙头股则要观察其相关资料确定，如一般在行业对比中，位列前三的企业，基本上均为行业龙头或细分行业龙头，同时，在公司亮点中也会标明其在行业中的领先地位，这类处于领先地位的上市公司的股票，即为龙头股。

实战案例：

（1）蓝筹股的判断方法。图 5-12 为上海医药（601607）在个股资料内的最新动态，这只股票在财务分析栏中明确注明了为"二线蓝筹"，说明这是一只业绩优良、规模相对处于中等水平的蓝筹股。

（2）龙头股的判断方法。图 5-13 为中国核建（601611）在个股资料内的最新动态，在左上角处的公司亮点栏内，明显注明该企业为我国最高水平的核电工程建设领军企业，因此，可确认在核电行业内，中国核建为行业中的龙头股。

注意事项：

（1）投资者在根据一阳指战法进行基本面选股时，应优先选择蓝筹股或龙头股。但若是选择蓝筹股，应尽量回避那些流通盘过大的一线蓝筹股，如中国石油、贵州茅台等流通盘达到千亿股水平的越级大盘股，只选择盘子相对小的二、三线蓝筹股即可。

（2）在判断一只股票是否为龙头股时，应全面分析，因为在行业对比中可能会因企业未公布业绩而出现统计不全面的情况，所以，可多看一下公司的相关信息来确认，而对于那些技术领先、业绩优良的企业，则无须过于纠结是否为龙头，均应统一优选。

图5-12　上海医药个股资料最新动态

图5-13　中国核建个股资料最新动态

5.3.3　绩优股、白马股的选择方法

绩优股，是指那些业绩持续保持优良状态，但其业绩的增长却相对缓慢的上市公司所发行的股票。虽然这类公司的业绩难以给投资者带来某些业绩突增的惊

喜，但其抵抗经济低迷的能力却很强，且在投资这类公司时，往往能够更为明朗地获得较高的股息，因此备受市场青睐。

白马股，通常是指那些长期业绩优良并持续高增长的上市公司所发行的股票，由于其相关信息均已公开，所以其备受市场关注，因为其业绩较为明朗，投资者很少出现踩雷的情况，因此被称为白马股。

在判断绩优股与白马股时，投资者同样无须通过财务指标等来判断，在炒股软件中，同样会在其资料中进行自动显示，只要是绩优股或白马股，就会显示出来。因此，在选股时，只要是白马股或绩优股，即应列入优质目标股，在买股时同样要优先考虑。

实战案例：

（1）绩优股的判断方法。图5-14为平煤股份（601666）在个股资料内的最新动态，在财务分析中，明确注明了这是一只绩优股，说明其业绩持续优良，为基本面选股时的优选品种。

图5-14　平煤股份个股资料最新动态

（2）白马股的判断方法。图5-14为拓普集团（601689）在个股资料内的最新动态，在财务分析栏目中，明确注明了这是一只二线蓝筹和白马股，为基本面选股时的优选品种。

图5-15　拓普集团个股资料最新动态

注意事项：

（1）投资者在实战中寻找白马股或绩优股时，一只股票可能既是白马股，同时又为绩优股，因为二者均需要公司业绩的持续优良，这类股票往往更是优中择优的品种。

（2）那些规模很大的大蓝筹，通常均为绩优股；而那些权重股，也通常为常年业绩优良的大白马股，即便是在炒股软件中未注明，同样可将其视为优质品种，如六大行或贵州茅台，低位买入后，长期持有并坐享其每年的分红，股息远远高于银行的存款。

5.4　实战要点

5.4.1　有效识别出两种不同的弱势技术形态

投资者在根据一阳指战法选股实战期间，在技术面选股时，一定要准确地区分出两种不同的弱势形态，因为这两种弱势形态看似都是弱势状态，但其形态有着根本性的不同：长期弱势震荡整理类的股票，是周线图或月线图上表现为长期弱势箱体或横盘震荡的股票；短线弱势类的股票，往往是股价在趋势上表现为上涨趋势中的短线下跌或横盘的股票。投资者在判断时，要想准确识别出这两种不同的弱势，可将短期弱势视为长期弱势类股票出现反转上涨后又出现短期回调弱势的状态，即为短期弱势类的股票类型。这就意味着，短期弱势类的股票，就是选股时长期弱势略晚了些，目标股已过了长期弱势的震荡整理期，出现了行情的反转，一旦出现短期的调整弱势，则同样即将出现买入良机。从这个角度出发，选股时就很容易区分长期弱势与短线弱势两类股票了。

实战案例：

如图 5-16 潞安环能（601699）月线图所示，在整个 A 区域，股价一直处于弱势下跌的低位区内，并保持一定幅度的横盘震荡，为选股时的长期弱势震荡整理类股票的技术形态；当股价其后经历了 B 段明显持续的上涨后，均线形成了明显的多头排列的上涨趋势，其中，C 区域、D 区域、E 区域股价下跌之初，均符合技术选股中的短期弱势震荡下跌形态。以上就是技术选股期间，长期弱势震荡与短期弱势震荡的不同形态与区别。

图5-16 潞安环能月线图

注意事项：

（1）长期弱势震荡整理，往往是经历了大幅下跌所出现的弱势整理，整理的时间越长，尤其是业绩优秀的企业，其后一旦反转，涨幅往往更为可观。

（2）短期弱势通常是上涨趋势中的短线调整行情，选股时不要在其调整结束时再来观察，而要在长周期图上股价一出现短线调整时即将其列入目标股，从日线图出发去持续观察，因为长周期的上涨趋势调整行情，往往时间要远远短于长期弱势形态，一旦结束，股价很快会恢复上涨。

5.4.2　拒绝垃圾股

垃圾股，就是那些业绩持续较差、问题较多的股票，这类股票从财务指标上看，有着一个明显的特征，就是基本每股收益一般都持续保持在 0.1 元以下的状态。根据 A 股市场的情况，垃圾股又可分为业绩持续较差的绩差股及被特殊处理、予以退市警示的 ST 类股，如股票简称前被冠以了 ST、*ST、S*ST、SST 等，这类股票均是被沪深交易所做出"特别处理"存在退市预警的股票。还有就是面值低于 2 元的低面值股，同样应将其列为垃圾股，因为市场已修改了退市规则，只要股价在连续 20 个交易日一直保持在 1 元以下时，则会被责令强制退市，因此，面值低于 2 元的股票，正是处于强制退市边缘的股票，而这类股票往往会在被市场极度冷落的情况下，股价出现持续的下跌，存在极大的投资风险，所以，同样应将其视为垃圾股，在选股期间，一经发现，即应果断放弃。

实战案例：

（1）绩差股。图 5-17 为兴化股份（002109）在个股资料内的最新动态，在财务分析栏中，明确注明了这是一只绩差股，说明业绩持续较差，选股时应予以规避。

图5-17　兴化股份个股资料最新动态

（2）ST类股。如图 5-18*ST 博信（600083）月线图所示，尽管这只股票在 A 区域表现为长期弱势横盘震荡，但股票简称前被冠以了 *ST，属于 ST 类股票，具有退市风险，选股时应予以规避。

图5-18　*ST博信月线图

（3）低面值股。如图 5-19 利欧股份（002131）月线图所示，在 A 区域，股价表现为长期弱势震荡整理的形态，是符合技术面选股要求的，但是从 B 区域的委卖处发现，这只股票的现价约为 1.92 元，因此，属于低于 2 元的低面值股，其后出现 1 元退市的概率较大，选股时应予以规避。

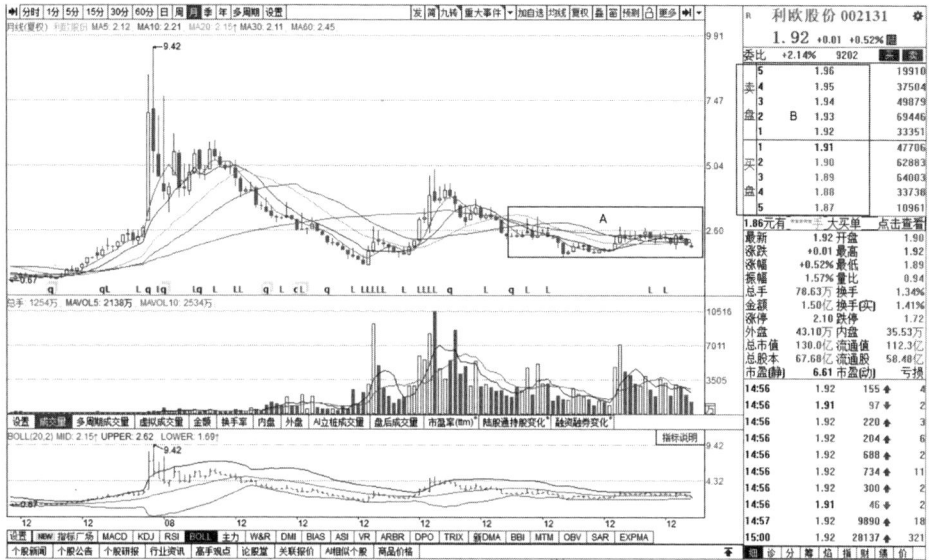

图5-19　利欧股份月线图

注意事项：

（1）投资者在判断一只股票是否为垃圾股时，主要是从财务概况中的基本每股收益来判断的，只要基本每股收益持续低于 0.1 元，即可确认其为垃圾股。

（2）在确认一只股票是否为垃圾股时，也可以借助炒股软件分析，在财务分析中，显示为绩差股的，或是 K 线图上股价低于 2 元的，或是股票简称前被冠以字母 ST 的股票，均为垃圾股。

（3）在通过股票简称前的字母判断 ST 类股票时，若股票简称前只有 S 字母时，说明这只股票尚未完成股改，而非 ST。同时，若是冠以其他字母，如 N、XD、XR、DR 或 U 等，则非 ST 类的垃圾股。

5.4.3　基本面选股时应以中长期财务状况为主

投资者在根据一阳指战法基本面选股期间，一定要以上市公司的中长期财务状况为主，而不要过于在意于上市公司的短期基本面情况，因为短期基本面只是代表上市公司在某一季度的经营状态，并不能准确地反映出公司的经营水平。虽说一阳指战法是一种短线操盘技术，但若是长期基本面不支持股价的强势，则其技术面同样是难以在弱势中出现转强的，因此，越是长期财务状态强势而技术面弱势的股票，反而其未来出现快速反弹甚至反转的概率越高，并且其反弹或反转的力度也会越大。因此，投资者在选股时，一定要注重上市公司的中长期财务状况，观察时以年度财务报表中的情况为准。

实战案例：

图 5-20 为东南网架（002135）在个股资料内的财务分析，若这只股票符合了技术面选股要求，在对其进行基本面分析时，应点击"按年度"，这样统计出来的数据就是中长期的状况了。从财务分析中可发现，这只股票在 2021—2023 年，净利润一直稳定在 2.9 亿 ~5 亿元，比较稳定；基本每股收益持续保持在 0.2~0.5 元，符合业绩较好要求；净资产收益率保持在 4%~11%，因此是一家比标准要求略好的上市公司，符合基本面选股要求，只要在技术面上符合要求，即应将其列为目标股。

注意事项：

（1）投资者在基本面选股时，一定要在观察资料时点击一下财务概况页面中的"按年度"，这样显示出来的才是按年度统计出来的数据。但若是在年底或年初，可再观察一下当季的财务概况，或是报告期内的财务概况，这样会对当前的财务有个预判。

（2）投资者在通过基本面选股时，在观察一家上市公司的中长期基本面的情况时，一定要确保其长期基本面的优良，但是，也是允许其短期基本面出现弱势甚至是亏损的，只要能确认这一亏损或弱势不是因为公司盈利能力的大幅下滑或行业的没落所致即可。

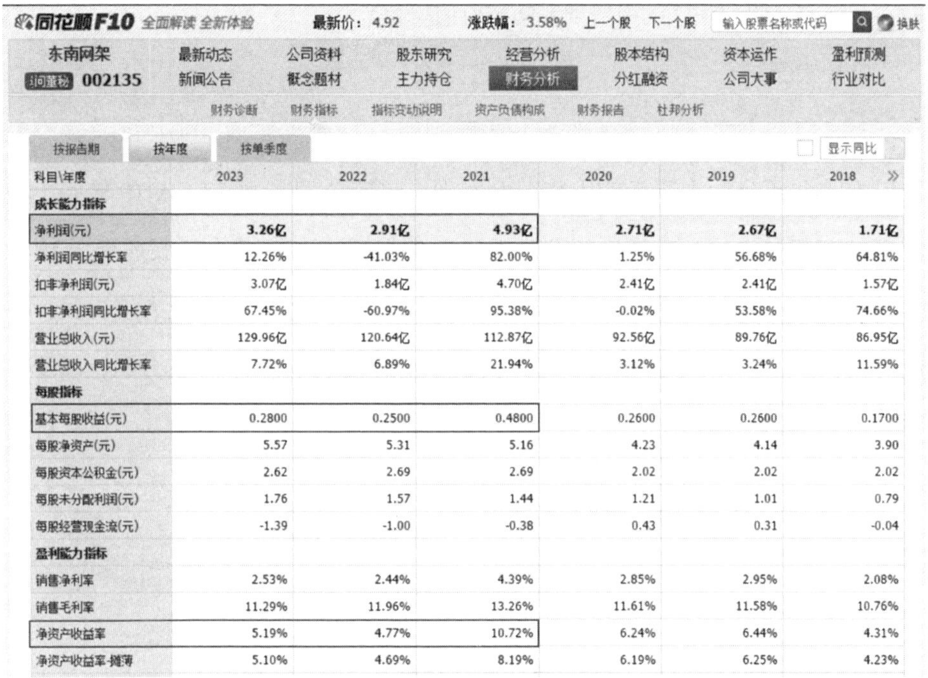

科目\年度	2023	2022	2021	2020	2019	2018
成长能力指标						
净利润(元)	**3.26亿**	**2.91亿**	**4.93亿**	**2.71亿**	**2.67亿**	**1.71亿**
净利润同比增长率	12.26%	-41.03%	82.00%	1.25%	56.68%	64.81%
扣非净利润(元)	3.07亿	1.84亿	4.70亿	2.41亿	2.41亿	1.57亿
扣非净利润同比增长率	67.45%	-60.97%	95.38%	-0.02%	53.58%	74.66%
营业总收入(元)	129.96亿	120.64亿	112.87亿	92.56亿	89.76亿	86.95亿
营业总收入同比增长率	7.72%	6.89%	21.94%	3.12%	3.24%	11.59%
每股指标						
基本每股收益(元)	0.2800	0.2500	0.4800	0.2600	0.2600	0.1700
每股净资产(元)	5.57	5.31	5.16	4.23	4.14	3.90
每股资本公积金(元)	2.62	2.69	2.69	2.02	2.02	2.02
每股未分配利润(元)	1.76	1.57	1.44	1.21	1.01	0.79
每股经营现金流(元)	-1.39	-1.00	-0.38	0.43	0.31	-0.04
盈利能力指标						
销售净利率	2.53%	2.44%	4.39%	2.85%	2.95%	2.08%
销售毛利率	11.29%	11.96%	13.26%	11.61%	11.58%	10.76%
净资产收益率	5.19%	4.77%	10.72%	6.24%	6.44%	4.31%
净资产收益率-摊薄	5.10%	4.69%	8.19%	6.19%	6.25%	4.23%

图5-20　东南网架个股资料财务分析（按年度）

5.4.4　坚持价值投资理念

投资者在根据一阳指战法选股期间，一定要端正自己的投资理念，虽然一阳指战法是一种短线操盘技术，但其根基是基于价值投资理念的，只不过是通过技术性的手段和方法，寻找股价在趋势演变中价格出现较大波动时的机会，以获得价格差的较大收益。因此，投资者不可将这一技术看作是一种投机，在选股时期，一定要严格按照选股的要求，先从技术面入手去筛选股票，然后再通过基本面来进行二次筛选，这样得出的目标股，才是真正具有中长期投资价值的股票。因为只有短线操作这类具有中长期投资价值的股票，才能避开短线操盘的风险，即便买入失败了，同样无须过于紧张，因为基本面的良好，最终决定了其在未来终究能够走出一波波澜壮阔的上涨行情，并且根据一阳指形态买入的股票，其后的短期涨幅才最有可能出现由短期大幅上涨带来高收益的情况。因此，投资者在选股期间，就应当树立正确的投资观，坚持价值投资！

实战案例：

若是投资者在 2020 年初选股，当看到图 5-21 紫金矿业（601899）在个股资料内的财务分析中所示的内容时会发现，这家公司在 2017—2019 年中，净利润一直保持在 35 亿 ~43 亿元的水平，盈利较稳定；基本每股收益持续在 0.16~0.18 元；净资产收益率持续保持在 11%~12% 的水平，明显为绩优股。在资料显示中，这只股票为权重股和一线蓝筹股，可见其在两市中的分量，以及在现实中的重要地位。

紫金矿业	最新动态	公司资料	股东研究	经营分析	股本结构	资本运作	盈利预测
601899	新闻公告	概念题材	主力持仓	财务分析	分红融资	公司大事	行业对比

财务诊断	财务指标	指标变动说明	资产负债构成	财务报告	杜邦分析

按报告期	按年度	按单季度					显示同比

科目\年度	2019	2018	2017	2016	2015	2014
成长能力指标						
净利润(元)	**42.84亿**	**40.94亿**	**35.08亿**	**18.40亿**	**16.56亿**	**23.45亿**
净利润同比增长率	4.65%	16.71%	90.66%	11.12%	-29.40%	10.34%
扣非净利润(元)	39.97亿	30.61亿	26.97亿	9.90亿	18.65亿	25.02亿
扣非净利润同比增长率	30.56%	13.51%	172.39%	-46.92%	-25.44%	3.53%
营业总收入(元)	1360.98亿	1059.94亿	945.49亿	788.51亿	743.04亿	587.61亿
营业总收入同比增长率	28.40%	12.11%	19.91%	6.12%	26.45%	18.06%
每股指标						
基本每股收益(元)	0.1800	0.1800	0.1600	0.0900	0.0800	0.1100
每股净资产(元)	1.82	1.54	1.50	1.29	1.28	1.30
每股资本公积金(元)	0.74	0.48	0.48	0.31	0.34	0.34
每股未分配利润(元)	0.95	0.96	0.88	0.84	0.81	0.82
每股经营现金流(元)	0.42	0.44	0.42	0.40	0.48	0.29
盈利能力指标						
销售净利率	3.72%	4.42%	3.43%	2.14%	1.81%	4.49%
销售毛利率	11.40%	12.59%	13.94%	11.50%	8.47%	13.41%
净资产收益率	11.38%	11.70%	11.10%	6.66%	6.01%	8.47%
净资产收益率-摊薄	9.27%	11.54%	10.02%	6.63%	6.01%	8.36%

图5-21 紫金矿业个股资料财务分析

尤其是在图 5-22 紫金矿业月线图中的 2019 年 9 月 30 日之前的较长时间内，股价一直表现为横盘小幅弱势震荡。综合以上两点，可以确认，这是一只股价长期表现为弱势、基本面又极强的优质品种。所以，投资者在选股时，应拒绝市场上的短期投机思想，条件宽松的投资者，可适当长期配置一些如紫金矿业这类的股票，未来收益必然可期，而事实上，从该股 2020 年后的表现中也可以看出，股价在 A 段走势中发动了一轮明显的月线级别的上涨，其后形成了 B 段的短时下跌及 C 段的回升，又在 D 段走势出现了短期弱势震荡下跌的形态，B 段和 D 段走势，均是符合一阳指战法中的技术选股要求的，是短线交易的好时机，而按 K 线图最右侧的 19.33 元的新高算，与 A 段走势低点时的 1 元比较，从 2020 年初到 2024 年 5 月，不过是过了四年时间，股价却出现了近 18 倍的涨幅，可谓收益十分巨大。因此，投资者在选股期间，应多一些价值投资的理念，少一些投机思想，多从上市公司的基本面出发去选股。

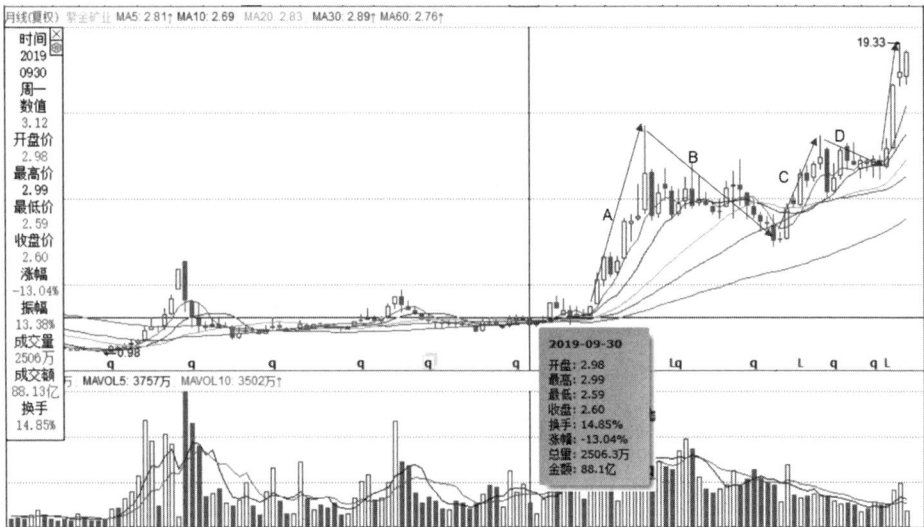

图5-22　紫金矿业月线图

图 5-23 为 *ST 傲农（603363）在个股资料内的财务分析，在技术选股时，不仅要观察公司 2021—2023 年的净利润、基本每股收益和净资产收益率，同时还要观察一下其资产负债率，图 5-23 中的这只股票在 2021—2023 年的资产负债率从约 80%，一下子飙升到了 2023 年的 103.69%，说明这家公司已经到了资不抵债的程度，即便公司不被 ST，其股票同样也是不可参与的。

同花顺F10 全面解读 全新体验　最新价：4.24　涨跌幅：3.67%　上一个股　下一个股　输入股票名称或代码　换

*ST傲农 603363　最新动态　公司资料　股东研究　经营分析　股本结构　资本运作　盈利预测　新闻公告　概念题材　主力持仓　财务分析　分红融资　公司大事　行业对比

财务诊断　财务指标　指标变动说明　资产负债构成　财务报告　杜邦分析

每股净资产(元)	2023	2022	2021	2020	2019	2018 »
每股资本公积金(元)	4.34	4.21	2.24	2.20	0.59	0.51
每股未分配利润(元)	-6.46	-2.27	-1.37	1.02	0.49	0.44
每股经营现金流(元)	1.13	0.76	0.77	0.60	0.91	0.06
盈利能力指标						
销售净利率	-19.37%	-5.68%	-10.26%	8.63%	1.73%	0.18%
销售毛利率	-4.74%	4.39%	1.43%	17.26%	12.74%	13.70%
净资产收益率	--	-49.79%	-74.08%	29.98%	3.55%	4.97%
净资产收益率-摊薄	--	-41.50%	-116.60%	20.90%	3.52%	3.70%
运营能力指标						
营业周期(天)	51.54	59.87	53.47	57.71	65.07	55.62
存货周转率(次)	8.83	7.03	8.23	8.18	9.78	12.05
存货周转天数(天)	40.78	51.20	43.73	44.01	36.80	29.87
应收账款周转天数(天)	10.76	8.68	9.74	13.69	28.28	25.75
偿债能力指标						
流动比率	0.25	0.44	0.42	0.56	0.45	0.62
速动比率	0.11	0.13	0.13	0.22	0.25	0.38
保守速动比率	0.10	0.13	0.13	0.22	0.25	0.38
产权比率	--	6.08	11.44	2.96	4.39	2.82
资产负债率	103.69%	81.61%	87.18%	67.52%	73.92%	69.47%

图5-23　*ST傲农个股资料财务分析

注意事项：

（1）投资者在根据一阳指战法选股期间，如果不端正投资态度，则很容易在选股期间过于重利，即股价的短期获利，无法做到在选股时只注意股票的技术形态和基本面形态，真正客观地去进行分析，而不带任何杂念。

（2）每一项投资均会不同程度地存在一定的风险，而一阳指战法的风险主要是来自短线持股，因此，投资者在选股期间一定要拒绝投机思想，在观察基本面时，可顺势观察一下目标股的资产负债率，因为这一数值若是达到了 90% 以上，则往往意味着公司出现了资不抵债的风险，同样应果断放弃。

第6章

买股时机：
一阳指形态是买股的最佳时机

投资者在完成选股这一环节后，接下来就是判断买股时机了，而不是选好股票后立马买入股票，因为即便是弱势的好股票，也不是在任何时候都可以随意买入的，一阳指战法买入股票的目的是短期获利，在这一目的的指引下，买股必须判断出最佳的买股时机，因为只有时机到了，买入股票后短期内才能持续获得收益。

6.1 买股要求

6.1.1 确认一阳指形态

投资者在根据一阳指战法买股期间，一定要确认日线图上的一阳指形态，因为一阳指形态才是日线图上股价趋势转强的征兆，因此，投资者在观察目标股期间，最主要观察的就是一阳指形态。只要发现日线图上的股价形成了符合要求的一阳指形态，即可确认为符合日线买股要求，随后通过分析分时图的强弱来确认最终的买股时机。

实战案例：

如图 6-1 宏昌电子（603002）日线图所示，投资者在买股时，首先必须确认目标股是否形成一阳指形态，通过对这只股票在日线图上的持续观察后发现，股价在持续下跌中进入 A 区域后，K 线上出现一根下影线较长、实体同样较长的光头中阳线，成交量也表现为一根明显放量的阳量柱，为量价齐升的一阳指形态，此时方可确认买入时机随即买入股票。

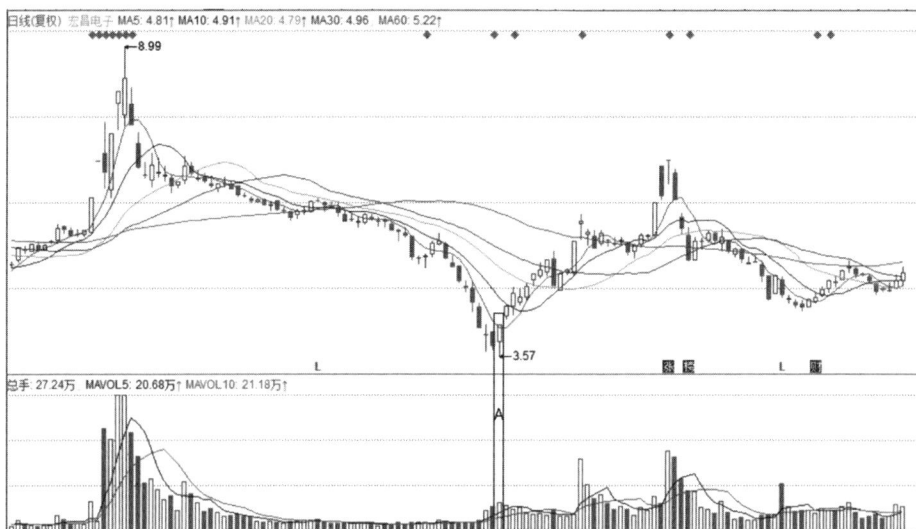

图6-1　宏昌电子日线图

注意事项：

（1）投资者在确认一阳指形态时，一定要在事先对这一形态进行认真学习，并反复通过小仓位来实战练习，这样在真正进入实战时，才能运用得得心应手。

（2）在判断一阳指形态时，阳量柱出现的同时，K 线为一根至少中阳线的长中阳线，成交量通常为明显放量状态时为最理想的状态；或是缩量涨停状态的光头阳线。

（3）当一阳指形态出现，成交量柱表现为一根向上到达显示区顶部的巨量长阳时，则一定要迟一步再买入，只有其后量能持续为大量时，方可确认强势买点，否则应在震荡回落止跌后再介入。

6.1.2 确认变形一阳指形态

投资者在观察目标股是否形成买入形态的要求时，除了一阳指形态外，还有一种变形一阳指形态。所谓变形一阳指，就是当日的单根阳量与阳线长度未明显确认股价的强势，但是其后股价却又持续表现为强势状态时，它是一种相较于一阳指形态更缓慢的转强征兆。因此，投资者在实战买股期间，一定要能够准确识别出变形一阳指形态，而不要一看到单根阳线和阳量不满足一阳指形态时，就将其放弃了，而要继续观察，看其是否符合变形一阳指的形态，若形成了变形一阳指形态时，表明同样是达到日线强势的买股要求。

实战案例：

（1）持续放量上涨式变形一阳指形态。如图 6-2 人民网（603000）日线图所示，股价在持续下跌中进入 A 区域后，先是出现了一根中阳线，但成交量却未明显放量，且明显缩量，在下一交易日的 A 区域内的右侧，再次出现了一根上涨阳线，成交量明显放大，两根阳线呈明显上升状态、量能也为阳量的持续放量，为持续放量上涨的变形一阳指形态，符合日线买股要求，这时方可选择买入时机买入股票。

图6-2　人民网日线图

（2）温和放量上涨式变形一阳指形态。如图 6-3 万盛股份（603010）日线图所示，在弱势震荡中，当股价从低点出现回升时进入 A 区域后，先是出现一根小红十字星，成交量为缩量的小阳量，但其后成交量明显持续放大，呈现出后一根高于前一根的阶梯式放大状态，K 线为持续阳线上涨，形成温和放量上涨式的变形一阳指形态，符合日线买股要求，这时方可选择最佳时机买入股票。

图6-3　万盛股份日线图

注意事项：

（1）变形一阳指是一阳指形态的一种变形，是由快速止跌回升的一阳指形态演变为持续走强的征兆，虽然从单根阳线阳量的角度分析，变形一阳指达不到一阳指形态的水准，但多根阳线和量柱的叠加使得变形一阳指的短期量价齐升强度不弱于一阳指形态。

（2）投资者在根据一阳指战法实战期间，一定要能够准确地识别出变形一阳指形态，名字上虽是变形，但强势上变形一阳指形态是根本不输于一阳指形态的，因此，同样是一种一阳指战法中重要的买股形态。

6.2　一阳指形态的判断

6.2.1　K线要求

投资者在实战买股期间，在判断一阳指形态时，首先必须从 K 线的角度来选股，也就是 K 线在日线图上的显示，必须是达到较长状态的中阳线，或是极长状态的长阳线，有无影线均可。理论上只要达到了中阳线水平即符合一阳指形态的K 线要求，但是，前面我们已经学习过，K 线是有强弱之分的，所以，在一阳指形态中的中长阳线要求，同样是有着强弱之分的：一是最强阳线，要是一字涨停线，为红色的一字线，但这种情况一般是无法参与的，可在其后短期开板后及时参与；二是光头阳线，因为光头阳线的出现，意味着当日是以最高价收盘的，短线强势明显，其中又以涨停光头阳线为最强；三是强势中长阳线，是指达到了至少中阳线以上的阳线。只要在日线图上，K 线达到了以上至少一种形态，则符合了一阳指形态的 K 线要求，此后再进行其他方面的分析与判断。

实战案例：

（1）最强阳线。如图 6-4 科华控股（603161）日线图所示，在弱势下跌中，当进入 A 区域的 2024 年 4 月 17 日时，股价出现快速回升，从小窗口中显示的当日情况可以看出，当日是直接以涨停价 13.77 元开盘，盘中最高价、最低价及收盘价均为 13.77 元，因此，在 A 区域，K 线收出一根红色的一字涨停线，成交量大幅缩减，为一阳指形态中最强的 K 线形态，但此类股票，投资者在大盘中是极难参与的。

图6-4　科华控股日线图

（2）光头阳线。如图 6-5 联明股份（603006）日线图所示，在持续下跌的 A 区域，K 线突然收出一根光头光脚的涨停阳线，成交量表现为小幅缩量状态，为一阳指形态形成时 K 线出现的强势光头涨停阳线。同样，股价其后在震荡下跌中进入 B 区域，成交量小幅放大，K 线再次收出一根光头光脚的涨停阳线，为强势的一阳指形态形成时的 K 线形态。

（3）强势中长阳线。如图 6-6 创力集团（603012）日线图所示，在持续下跌的 A 区域，股价在创出 4.07 元的新低后即出现了快速回升，成交量明显为大量状态的中阳量柱，K 线表现为一根实体较长的中长阳线，为一阳指形态形成时的强势中长阳线状态。

注意事项：

（1）投资者在判断一阳指形态时，首先观察的就是 K 线，一定要 K 线达到了中长阳线的水平，才算是满足要求，但这也仅仅是标准形态下的要求，同时，还有两种最强的 K 线形态，就是一字涨停线和光头涨停阳线，实战时一定要牢记。

图6-5　联明股份日线图

图6-6　创力集团日线图

　　（2）当一阳指形态形成时，若日线图上表现为一字涨停线时，投资者当日是难以买入的，但其后买入时时间不宜过久，一般在持续两三个一字涨停后盘面打开时，是可参与的情况，但同样要具体问题具体分析。

6.2.2 成交量要求

投资者在根据一阳指战法买股期间，在判断一阳指形态时，一旦 K 线满足了形态要求后，就要及时观察成交量了，因为量能是否达到要求，才是能否确认为一阳指形态的关键。但是，在量价形态中，同样存在着不同强势状态中的量价表现，因此，在确认强势状态的成交量时，也应结合股价。同时，在量能要求上，同样有着几种不同的强势状态：一是最强状态，指在股价涨停情况下，成交量柱表现为明显大举缩量的状态；二是光头涨停阳线的平量或缩量，这种情况多数是由于股价盘中较强时的时间相对较晚，一般在午后或是尾盘，股价突然转强，所以，量能在日线上表现为未明显放量，但在局部的放量程度是极高的；三是常态下的成交量为阳量的明显放大，即量柱明显高于前一根量柱的水平。

实战案例：

（1）最强成交量。如图 6-7 三维股份（603033）日线图所示，股价在持续下跌中进入了 A 区域，K 线虽然收出一根实体较短的光头阳线，但为涨停阳线，成交量表现出明显的大幅缩量，为一阳指形态形成时最强成交量表现的状态，因为缩量是由于股价快速涨停致的量能无法继续放大。

图6-7 三维股份日线图

（2）强势成交量。如图 6-7 北特科技（603009）日线图所示，股价在持续下跌中进入 A 区域后，在 A 区域右侧突然出现大幅探底后的快速止跌回升形态，成交量表现为当前的小量水平，且略缩量，但 K 线表现为一根光头涨停阳线，说明盘中因股价持续上涨而出现的涨停导致量能未明显放大，但量能依然保持着当前的水平，为一阳指形态形成期间的强势成交量状态。

图6-8　北特科技日线图

（3）常态强势成交量。如图 6-9 新联通（603022）日线图所示，股价在持续下跌进入 A 区域后，K 线在创出 6.03 元的新低后开始快速回升，收出一根实体较长的阳线，为中长阳线，成交量表现为一根明显放量状态的阳量柱，因此，为一阳指形态形成时的正常状态下的成交量状态。

注意事项：

（1）投资者在根据成交量判断是否构成了一阳指形态时，不可只观察成交量柱的情况，因为只依据量能大小而忽略了股价情况的判断是不全面的，只有综合量价判断，其形态所形成的强弱状态才更准确，因为许多强势的成交量并非一定要为明显的大量，局部量能的快速爆发，同样是一种量能强势的体现。

图6-9　新联通日线图

（2）当一阳指形态形成时，结合股价的表现，同样有三种强势的量能表现：一是股价涨停时的明显呈缩量状态的成交量；二是出现光头阳线时的局部阳量放大状态的日线平量或略缩量状态的成交量；三是日线明显呈放量状态的成交量。以上三种情况均为符合一阳指形态要求的成交量状态。

6.2.3　盘口信息的强势确认

盘口信息是辅助判断一阳指形态是否强势的一个重要指标，虽然关于盘口信息的强弱判断，并没有一个明确的数值或量化标准，但对于基本的强势状态，还是有一些数值可以参考的，而在判断盘口信息时的两个数据如下。一是日换手率，只要表现为明显放大即可，在通常情况下，日换手率一般保持在3%~5%即可，或是略大些也可以，但一般不会超过10%，因为换手过大则极易引发短期的变盘。二是主力净金的净流入，以日计算，从买股时机上看，可分为两种情况：在盘中买入时，通常即时的主力资金的净流入一般保持在小盘股为1 000万~2 000万元，甚至是早盘短时达到了大几百万元到1 000万元时，最容易引发快速涨停，中大盘股则通常要达到数亿元；若是在尾盘买入时，小盘股一般主力净流入应在 1 000 万 ~2 000 万元，甚至是 3 000 万元，中大盘股通常在 5 亿 ~ 10 亿元。但这只是个大概的量化水准，实战时投资者只要按这一标准对照一下即可，因为是短时的即时数据的量化水平，不可过于较真，只要当日主力是以净流入为主，且换手较之前有所放大，即表明当前的盘口信息符合短期强势的要求，则一阳指形态的短线强势宣告成立，即应根据具体情况，选择分时最佳的买入时机。

实战案例：

（1）小盘股分时盘口强势状态。如图 6-10 博杰股份（002975）2024 年 5 月 17 日分时图所示，当这只股票在日线图上表现为一阳指形态初期状态时，分时图上表现为股价线在昨日收盘线附近平淡开盘后的略震荡上行，进入 A 区域后，出现一波持续放量状态的股价线快速上行走势，投资者即应果断买入股票，甚至可以在 B 区域明显股价直线冲击涨停前买入，因此时盘口表现为即时的日换手率为 5%，主力净流入量为 2 010.7 万元，作为一只流通股只有 7 230 万股的小盘股而言，明显为盘口强势，应及时买入股票。

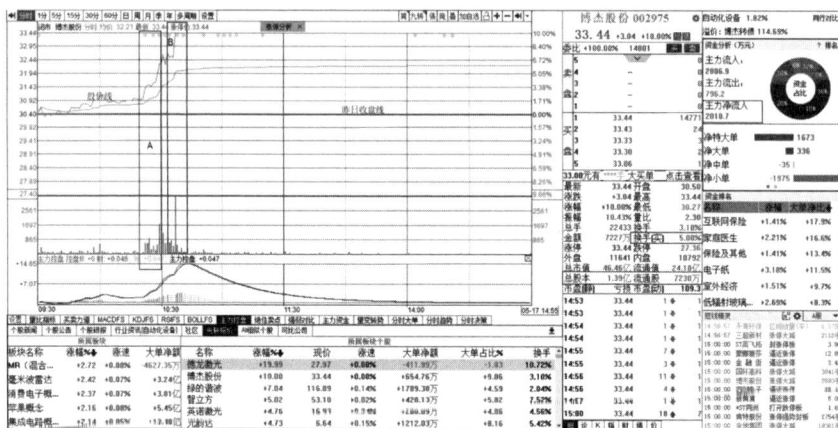

图6-10　博杰股份2024年5月17日分时图

（2）大盘股分时盘口强势状态。如图 6-11 贵州茅台（600519）2024 年 5 月 17 日分时图所示，当日线图上这只股票表现为一阳指形态成立初期状态时，观察当日分时图会发现，股价开盘后大幅上行又回落，然后在昨日收盘线略下方展开横盘震荡，但到了尾盘的 A 区域，股价线突然突破昨日收盘线持续以几近直线的方式上行，为明显的分时量价齐升的强势，且当日主力净流入为 17 368 万元，作为一只超级大盘股，换手率虽为 0.5%，但符合大盘股启动时的强势特征，因此，在 A 区域时应及时买入股票。

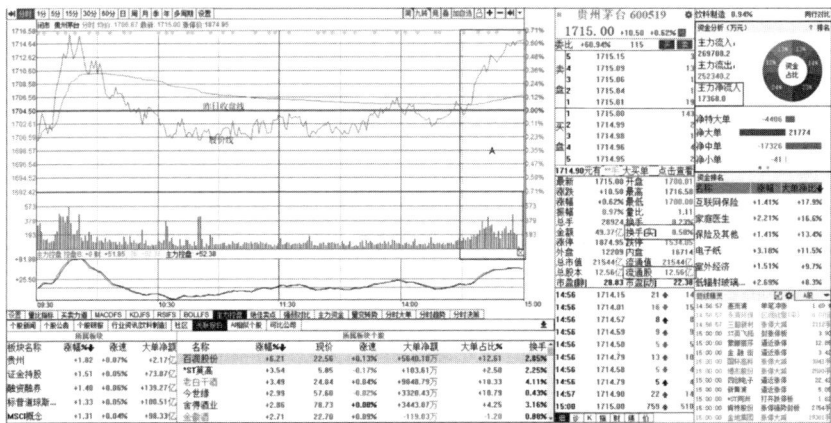

图6-11　贵州茅台2024年5月17日分时图

注意事项：

（1）盘口信息，虽然属于一阳指形态判断时的一个辅助指标，但却是极为关键的，因盘口强势的数据是确保一阳指形态为股价短期强势的进一步确认，因此不可忽视。

（2）盘口信息的强弱判断，主要从两个方面入手：一是主力资金净流入，只要确保主力资金当日是以净流入为主，且流入资金相对较多即可；二是日换手率，只要确保当日换手率明显放大，表明股票活跃即可。

6.3　变形一阳指形态的判断

6.3.1　K线要求

投资者在根据一阳指战法买股期间，图上未形成一阳指形态时，也不可过于失望，因未形成一阳指形态，并不是说就不会形成变形一阳指形态，而一阳指形态同样是一种股价弱势中相对缓慢的转强征兆。因此，在判断是否形成变形一阳指形态时，同样要首先从 K 线上去判断：只要 K 线在上一个交易日表现为阳线后，持续表现为上升阳线，一般两三个交易日即可，不管阳线实体大小如何，甚至有无上影线或下影线均可，只要 K 线的高点在不断刷新前一根阳线的高点，高点呈后一高点高于前一高点的依次上行状态，即可确认为满足变形一阳指形态中的 K 线要求，此时可再去观察成交量的情况。

实战案例：

如图 6-12 华立股份（603038）日线图所示，股价在持续下跌中进入 A 区域后，先是收于一根较小的阳线和低量阳量，而后在 A 区域右侧收出一根同样水平的阳量，但 K 线实体较长，为一根光头光脚的涨停阳线，因此，在 A 区域内最右侧阳线出现时即可确认 A 区域形成强势的变形一阳指形态，应及时根据当日分时图的情况，确认最佳买入时机。

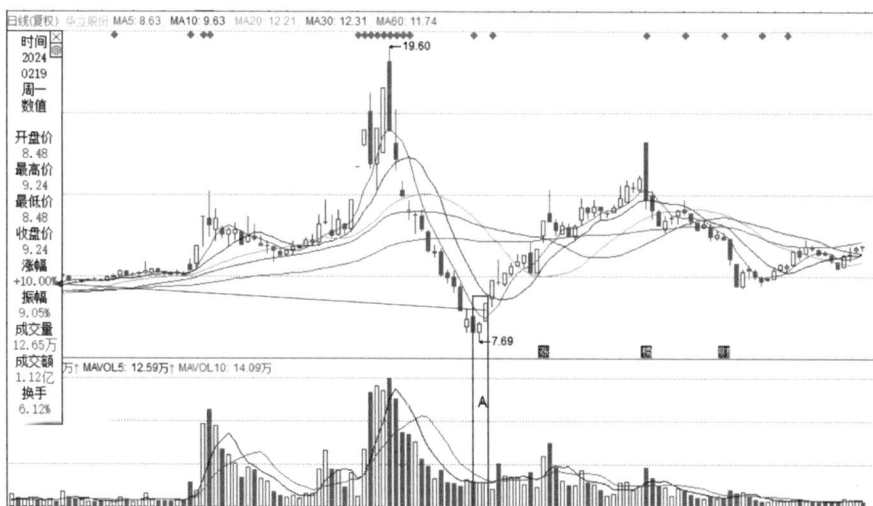

图6-12　华立股份日线图

注意事项：

（1）变形一阳指形态出现时，往往是股价在弱势回升的首个交易日，未表现为达到一阳指形态标准的量价齐升要求，即或量能略小，或阳线上影线过长时上升得不明显，因此，它是一种对股价短期持续回升的量价齐升的强势判断。

（2）在判断是否形成变形一阳指形态时，在 K 线方面的判断，通常从整个股价于弱势中转强的首个交易日算起，最多不可超过三个交易日，即股价从底部回升之日起，只要在两个或三个交易日内，可确认 K 线表现为强势时，即可通过观察成交量来进行最后的确认。

6.3.2　成交量要求

在判断变形一阳指形态期间，若是 K 线达到要求后，在观察成交量时，主要观察的就是成交量是否配合 K 线的上升行为，同样存在以下两种情况：一种是两根阳量的情况，即在相对较高量能的情况下，通常为前一根下跌时的阴量柱较长，从股价止跌回升的首日算起，成交量在形成明显缩量的状态下，为一根较高水平的量柱时，必须为阳量，而下一交易中同样必须始终为与上一个交易日相比的同等水平的阳量；二是持续三根阳量的温和放量情况，若是在股价止跌回升的首日，股价上涨的同时，成交量依然保持在较低量能的水平，股价在未出现涨停的情况下，必须有三根成交量柱表现为后一根量柱略长于上一根量柱水平的持续温和放量状态。

实战案例：

（1）两根阳量的情况。如图 6-13 福达合金（603045）日线图所示，股价在持续下跌中进入 A 区域，先是收出一根中长阳线，成交量虽然表现为大幅缩量，但为当前的较高水平，因此，在下一个交易日又出现较缩量的一根同样是大量水平的阳量时，K 线虽然收出了一根实体并不太长的阳线，但因为上升状态明显，可确认为两根阳量柱的变形一阳指形态成立，即可根据 A 区域右侧 K 线当日的情况确认最佳买入时机。

（2）三根阳量的温和放量。如图 6-14 可川科技（603052）日线图所示，股价在持续下跌中进入 A 区域，先是出现一根实体不太长的阳线，成交量表现为当前的低量水平的阳量柱，在下一个交易日中又出现一根实体较长的上升阳线，成交量略放量，其后再次出现一根实体相对长的中阳线，量能却略缩量，但 K 线为光头涨停阳线，因此，在 A 区域内最右侧 K 线出现当日，即可确认为三根阳量的温和放量状态的变形一阳指形态，但因为第三根阳线为光头涨停阳线，因此，应在当时根据分时图强势状态来确认最佳买入时机。

图6-13　福达合金日线图

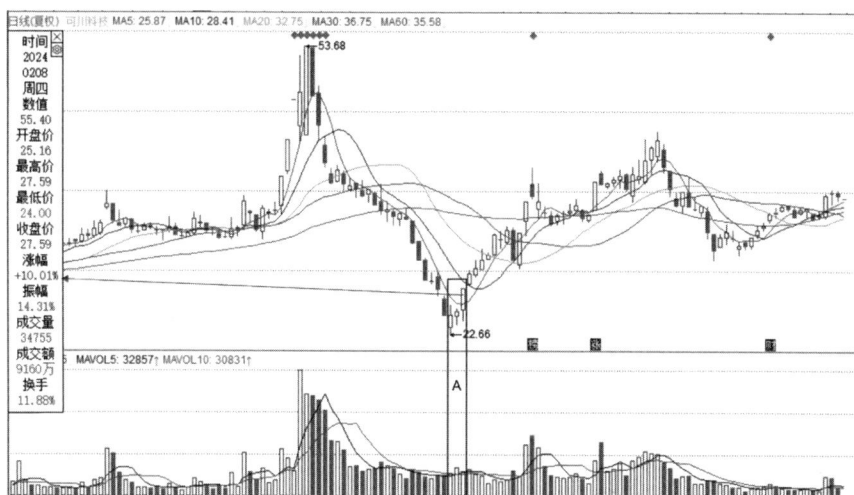

图6-14　可川科技日线图

注意事项：

（1）投资者在根据成交量确认是否形成变形一阳指形态时，首先必须符合K线要求，成交量的要求分为两种情况：一是较大状态量能的两根阳量柱的情况，二是三根阳量的温和放量情况。只要是满足了以上两种情况下的K线上升状态，即可确认为形成一阳指形态。

（2）在根据成交量判断是否形成一阳指形态时，投资者必须结合K线的情况，通过成交量综合判断，虽然在判断形态时是分成两个部分，但判断时几乎是前后紧紧相连的，因此，不可孤立地只是通过量或价来判断股价的强弱。

6.3.3　盘口信息的强势确认

投资者在判断变形一阳指形态成立后，对盘口信息的判断同样是一种辅助判断，因为盘口信息的数据，只能从另一个角度来确认股价短期是否为强势：一是换手率，二是盘口信息。这看起来与一阳指形态形成时盘口信息相同，但观察和判断的方法却不一样。因为在变形一阳指形态中，至少是两个交易日，或是三个交易日，才能够确认形态是否成立，所以，在判断盘口强势时，也不可只看最近的一个交易日，而是要观察这两个交易日或三个交易日中盘口的情况，也就是在这两个或三个交易日中，只要主力资金一直保持着相对较大的持续流入状态，日换手率持续相对放大，即可确认盘口信息的强势，便可以再通过分时图来确认最佳的买股时机了。

实战案例：

如图6-15汇绿生态（001267）日线图所示，股价在持续下跌中进入A区域后，出现了三根小阳线的持续上升状态，成交量为持续小幅温和放量状态，为变形一阳指形态，持续观察A区域内三个交易日的盘口发现，换手率只是保持在了近2%的温和放大水平，但作为一只盘子只有3.63亿股的小盘股，这三日的主力净流入资金却持续保持了每日近2 000万元的水平，主力持续流入明显，为盘口强势状态，因此，应在A区域右侧内K线当日明显量价齐升时选择买入这只股票。

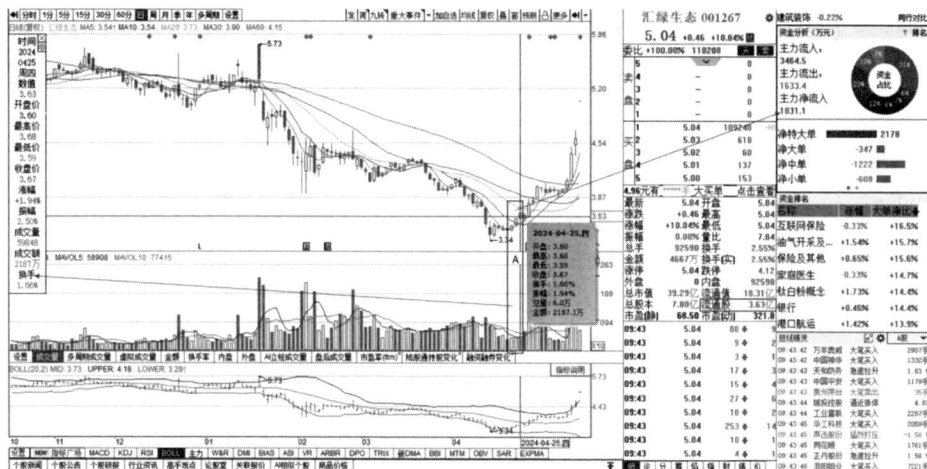

图6-15　汇绿生态日线图

注意事项：

（1）投资者在根据盘口信息判断变形一阳指形态是否为强势时，与判断一阳指形态时是相同的，都是对日换手率和主力资金净流入状态进行观察，只不过在判断变形一阳指形态时，要持续观察形态形成期间的两个交易日或三个交易日。

（2）在通过盘口辅助判断变形一阳指形态是否为强势时，要求相对于一阳指形态来说，是宽松的，只要日换手率相对较大，主力资金以净流入为主，但不可过低，如仅仅表现为日流入几十万时，则可确认为符合买股要求的强势状态。

6.4　买点时机的确认

6.4.1　日线盘面状态

投资者在根据一阳指战法买入股票前，必须确保日线图上目标股形成一阳指形态或变形一阳指形态，但由于存在股价涨停的情况，因此在买入股票时，并非真的在日线图上确认一阳指形态或变形一阳指形态，而是要在形态成立初期，即股价日线图上阳量阳线的量价齐升明显时，也就是一阳指形态或变形一阳指形态形成初期，若股价较为强势有冲击涨停的走势时，则应早些观察分时强势；若股价的强势未达到极强状态时，通常是在一阳指或变形一阳指形成当日的下午，甚至是尾盘时，就成为确认是否要买入股票的时点。但在买股时，还要通过对分时图与盘口强弱的观察来最终确认。

实战案例：

（1）一阳指形态。如图 6-16 永吉股份（603058）日线图所示，股价在持续下跌中，进入 A 区域后，收出一根当前低量水平的小阳量，K 线为实体较长的光头涨停阳线，为强势的日线一阳指形态，应根据当日分时图强势特征来选择最佳买入时机。

图6-16　永吉股份日线图

（2）变形一阳指形态。如图 6-17 台华新材（603055）日线图所示，股价在持续下跌中进入 A 区域，并在持续出现两根较短小的上升阳线后，收出一根上升状态更强的中长阳线，成交量为两根小阳量状态后的明显放量阳线，符合变形一阳指形态，应在 A 区域内最右侧中阳线出现当日，根据分时图强势确认最佳的买入时机。

图6-17 台华新材日线图

注意事项：

（1）投资者在判断买股时机时，首先锁定的是日线图上确认一阳指形态的当日，以及确认变形一阳指成立的当日，但不能在收盘后，因为收盘后是无法进行交易的，一旦下一交易日早盘表现为强势的短时快速涨停或一字涨停，则错过一轮行情。因此，应选择在当日的午后，至于是盘中买入，还是尾盘买入，则应视目标股的表现而定。

（2）若是投资者在判断日线图上的一阳指或变形一阳指形态期间，发现目标股出现短时的快速上涨，则无须再从日线观察，一定要及时观察当日的分时图，一旦出现快速冲击涨停的趋势时，则应根据当时的盘口强势状态，果断在涨停前买入股票。

6.4.2 分时盘口状态

投资者通过对目标股在日线图上一阳指或变形一阳指形态的强势判断后，就要及时切换到分时图来观察股价的短期强弱表现，只要分时图上出现了快速上涨的冲击涨停的迹象，即时盘口信息中又表现为主力短时净流入资金量较多时，如小盘股达到了1 000万~2 000万元，甚至是只有几百万元，只要直线的涨停波出现，换手率同时为3%左右或有效放大时，则是最佳的抢板操作机会，即便股价在快速冲击涨停，也要敢于在涨停前买入股票。若是分时图上的股价未表现为超强状态，只要是强势状态明显，如股价线出现震荡上行，或在昨日收盘线上方持续震荡，甚至是震荡后再上行一下又继续横盘震荡均可，哪怕分时量能均衡，也要结合日线图观察量能，这种情况，往往要在午后的盘中，甚至是尾盘，当日线图上在当日收盘前的下午，只要日线上达到了一阳指或变形一阳指形态的要求时，即可根据分时图上的这种强势状态，以及盘口中主力以净流入为主、换手率放大的情况，果断买入股票了。

实战案例：

（1）分时盘口超强状态。如图6-18炼石航空（000697）2024年5月20日分时图所示，这是一只流通盘有5.81亿股的中盘股，可以看出，当日A区域开盘时，股价线出现在昨日收盘线略上方，为平淡开盘，但开盘仅仅数分钟，股价线却以大于90°几近直线的方式快速上行，成交量明显持续放大，为短线超强的量价齐升明显的涨停波，且盘口主力短时净流入达到了2 228.1万元。因此，当日线图为一阳指形成初期，分时图如此表现时，应及时在早盘涨停前重仓买入这只股票。

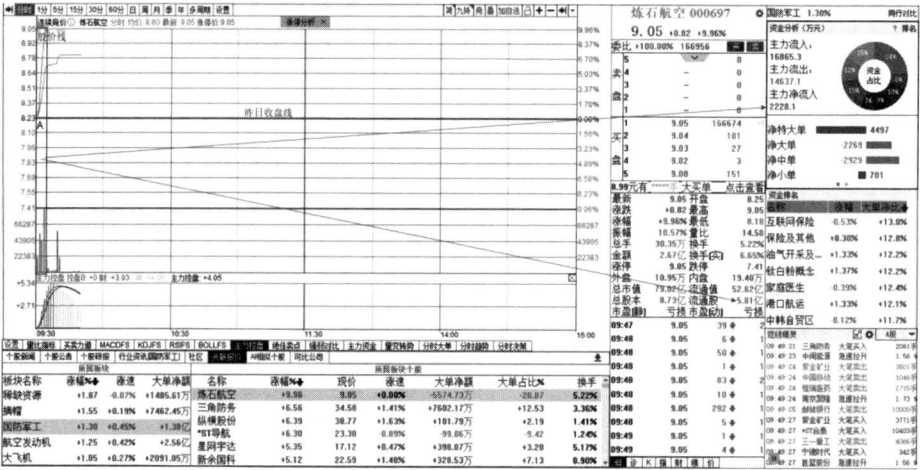

图6-18　炼石航空2024年5月20日分时图

（2）分时盘口强势状态。如图 6-19 模塑科技（000700）日线图叠加 2024 年 2 月 6 日分时图所示，股价在持续下跌中进入 A 区域后，出现一根明显放量的阳线，为一阳指形态，观察对应的当日分时图发现，股价线上午一直在昨日收盘线下方横盘小幅震荡，但午后开盘后即出现明显的分时图持续放量上涨，且盘口主力以净流入为主，为分时盘口强势状态。因此，投资者可在午后盘中的 C 区域或是尾盘 B 区域内，即日线图中当时明显放量上涨的一阳指形态成立之际，及时买入这只股票。

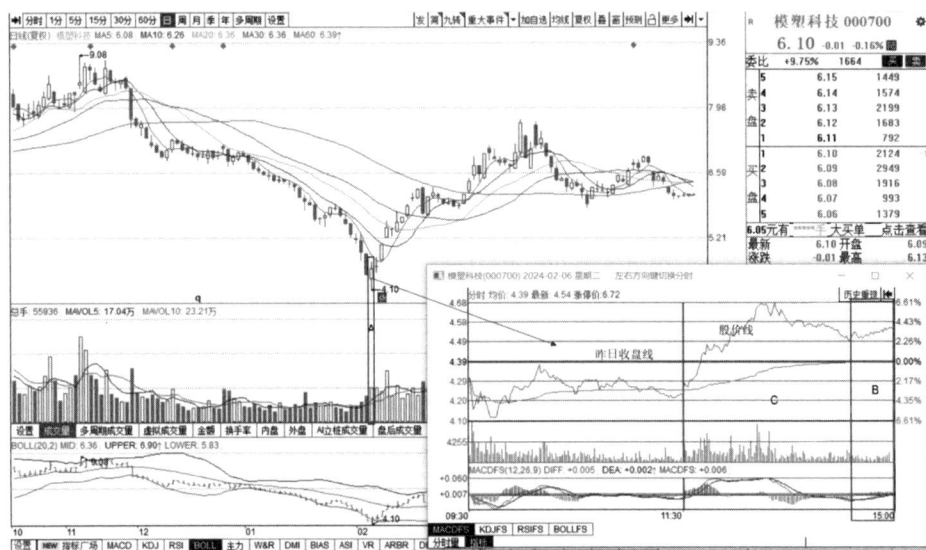

图6-19　模塑科技日线图叠加2024年2月6日分时图

注意事项：

（1）投资者在根据分时盘口的强势状态确认买股时机时，一定要时刻留意目标股是否形成分时盘口的超强状态，因为股价在弱势转强时，尽管是初期，若主力筹码集中，同样极容易出现快速涨停，以免更多人买到廉价筹码。

（2）若在分时盘口上，股价只是表现为强势状态时，也不可不上心，而要及时切换日线图观察，只要日线图上符合一阳指或变形一阳指形态要求，即应果断根据分时盘口的强势买入股票。

（3）投资者在根据分时盘口的强势买入股票时，通常只要盘口为非超强状态，上午是不买入的，因为若是未出现快速涨停，上午一旦放量过大，则在日线图上极易出现巨量上涨，这时必须确保下一个交易日能够持续巨量上涨，否则后市仍然会有震荡走低的买点。

6.5 买股时的仓位

6.5.1 重仓时的情况

重仓在短线交易中极为重要，因为若不懂重仓，技术再好，也是难以赚到钱的。因此，在根据一阳指战法买股期间，投资者一定要了解重仓的水平，以及什么时候才能重仓。先说重仓的水平，重仓量一般至少为账户内资金的 50%~80%。选择重仓时，往往应在一阳指形态或变形一阳指形态形成期间，出现超强状态时，也就是股价当日出现快速冲击涨停的涨停波时，即分时图上股价线一气或分二、三气直线放量上行，盘口又表现为主力以净流入为主、换手率放大时，即为重仓买入的最佳时机，哪怕是在涨停前，投资者也应果断重仓买入。

实战案例：

如图 6-20 永吉股份（603058）日线图所示，在持续下跌进入 A 区域后，出现一根实体为地量水平的缩量阳线，K 线却收出一根光头涨停阳线，为强势状态的一阳指形态。因此，投资者在根据分时图强势买入这只股票时，应以重仓买入，即若是投资者账户内有 10 万元，应拿出 5 万 ~8 万元的资金在涨停前买入这只股票，以实现重仓持有。这就是强势状态的一阳指形态出现时的重仓买入股票的情况。

注意事项：

（1）投资者在买股前，一定要先了解什么是重仓，重仓的水准是多少。而一阳指战法中的重仓未明确规定重仓的资金量是多少，只要超过账户内可用资金一半即可。投资者可视自己的情况来具体确定重仓时的资金量。

图6-20　永吉股份日线图

（2）把握重仓的时机才是实战买股时的关键，因此，投资者一定要选择那些超强类的目标股，抓住时机，果断重仓。

（3）在一阳指战法中，还有一种可以重仓的时机，就是大盘探底时，只要大盘探底时发出了明确的信号，包括资金、政策等，买入个股时可不分个股的超强与否，果断重仓买入个股，因为这是一种抄大盘大底的短线行为，只要认准了时机，基本上就是一种无风险的买入。

6.5.2　轻仓时的情况

在根据一阳指战法买股期间，轻仓几乎是一种常态，也就是多数可操作的目标股，基本上都要轻仓买入，而轻仓的资金量，是账户内资金总量的三分之一水平。因此，只要是在目标股于日线图上出现一阳指或变形一阳指形态的当日，分时盘口上并未表现出超强状态，而是以强势状态出现时，均应轻仓买入。

实战案例：

如图 6-21 倍加洁（603059）日线图所示，股价在持续下跌中进入 A 区域，收出一根大量状态放量的大阳量柱和光头涨停长阳线，可重仓买入，但在 C 区域卖出股票后，股价在持续震荡下跌中进入了 B 区域，又形成明显放量上涨的一阳指形态，但与当前的量能水平比较，这一量价表现并不十分突出，因此，在根据分时强势特征买入股票时，应轻仓买入，即若投资者账户内的资金总量有 10 万元，应以 3 万元左右的资金量买入这只股票。这就是投资者轻仓买入股票的情况。

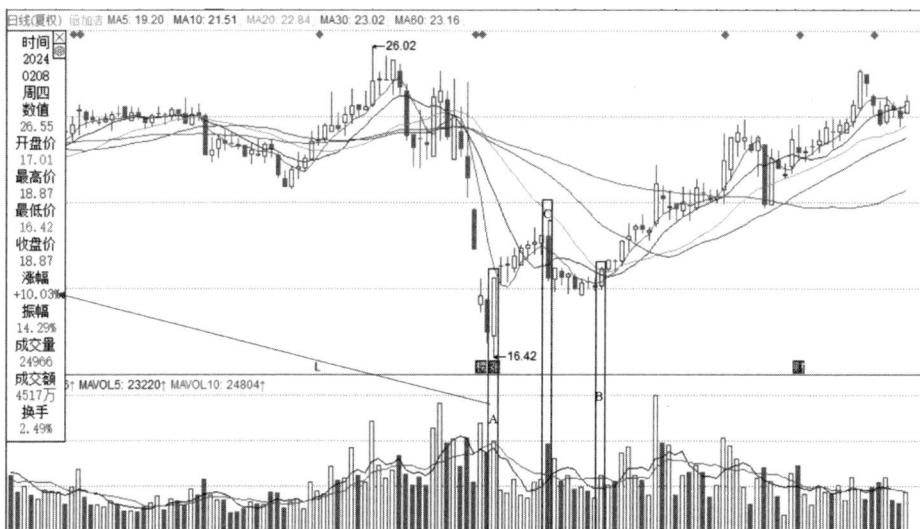

图6-21　倍加洁日线图

注意事项：

（1）在买入股票时的轻仓水平，一阳指战法原则上是要求以三分之一的资金量去买入目标股，但投资者也可以根据个人习惯和风险承受能力适度变更，如改为五分之一的水平为轻仓，三分之二为重仓。

（2）轻仓并不意味着股票的强势勉强，而同样需要在达到一阳指或变形一阳指形态的要求时，方可轻仓，未满足要求时则不可轻仓试探性买入。

（3）投资者在买股时若选择轻仓买入目标股，若其后股价在量价齐升中出现短时的快速上涨，日线上又未形成巨量上涨时，则应视同为股价的加速上涨行为，此时应及时补仓达到重仓持股的水平。

6.6　买股步骤

6.6.1　确认日线一阳指或变形一阳指形态

投资者在根据一阳指战法买入股票时，第一个步骤就是确认日线图的一阳指形态和变形一阳指形态。所以，这就要求投资者在选好目标股后的观察中，不可在未发现目标股出现异动时就有所懈怠，因为股价出现转强的异动时，往往就是那么极短的时间，有时是早盘，有时则是 10：00 后或是午后甚至是尾盘，是不可预测的，而启动的突然性不仅很强，而且，启动后的短时强度也不可预测，或超强启动，或持续强势。因此，在观察目标股时，投资者一定要耐心等待日线图上股价出现一阳指形态或变形一阳指形态，只要是形成初期，也就是一阳指形态初步具备了阳线阳量的量价齐升时，就要及时进入下一个买股步骤。

实战案例：

（1）一阳指形态的确认。如图 6-22 大丰实业（603081）日线图所示，股价在持续下跌中进入 A 区域后，出现一根明显的放量中阳线，为一阳指形态。此时已完成买入步骤的第一步，可继续进入第二步，对分时盘口的强势状态进行判断。

图6-22　大丰实业日线图

（2）变形一阳指形态的确认。如图 6-23 振华股份（603067）日线图所示，股价在震荡下跌中进入 A 区域后，在持续出现三根放量不明显的小阳量和缓慢上升的小阳线后，出现一根明显上升的实体较长的阳线，且放量明显，因此，符合变形一阳指形态，完成买股的第一步，应进入下一步，及时观察 A 区域内最右侧 K 线当时的分时图强势状况。

图6-23　振华股份日线图

注意事项：

（1）一阳指形态或变形一阳指形态是一阳指战法中买入股票时唯一的两种买入形态，所以，买股时的第一个步骤就是观察日线图上目标股是否形成一阳指形态或变形一阳指形态。

（2）投资者在实战买股期间，万不可在日线图上完全确认一阳指或变形一阳指后再进入下一个买股步骤，因为若是遇到超强情况或是日线上确认一阳指形态时，往往当日已收盘或股价出现涨停，是无法再继续操作的。

6.6.2　确认分时盘口强势

投资者在完成买股的第一个步骤后，即日线图出现一阳指或变形一阳指初期的量价齐升时，即可进入第二个步骤了——分时盘口的强势判断。这一观察和判断包含两个内容：一是分时图股价的强势，即股价线直线或震荡上行时放量，或是股价线在向上突破昨日收盘线后，持续在昨日收盘线上方，保持震荡或震荡上行，只要不跌破昨日收盘线，即表明为强势；二是盘口强势，主要是通过观察日换手率的放大来确认股票的活跃度，小盘股一般换手会达到 3% 左右，甚至更高，但不会达到 10% 以上，否则就是过于活跃的异常行为，大盘股一般换手率不会过高，但较平时的换手水平要高，对于主力净流入，小盘口通常保持在 1 000 万 ~ 2 000 万元的水平，大盘股一般为 5 000 万元以上。只要分时图及盘口均表现为强势，即说明目标股票完全符合买股的第二个步骤，应果断进入最后的买入操作了。

实战案例：

在此，我们仍沿用上一节内容中介绍的振华股份（603067）中的情况，即在图 6-23 中 A 区域内最右侧确认变形一阳指形态后，就要进入当日的分时图分析了，如图 6-24 振华股份 2024 年 4 月 2 日分时图所示，可以清晰地看到，当日股价线在昨日收盘线上方小幅高开后，出现大角度的直线向上行的运行走势，分时量持续放量明显，且当日主力以大幅流入为主，并一直持续了四个交易日，换手率也一直保持在 3% 左右，因此，A 区域早盘的快速上涨可确认为短线极强的状态，这时即应打开网上的股票交易系统，进入最后一步的委托交易。

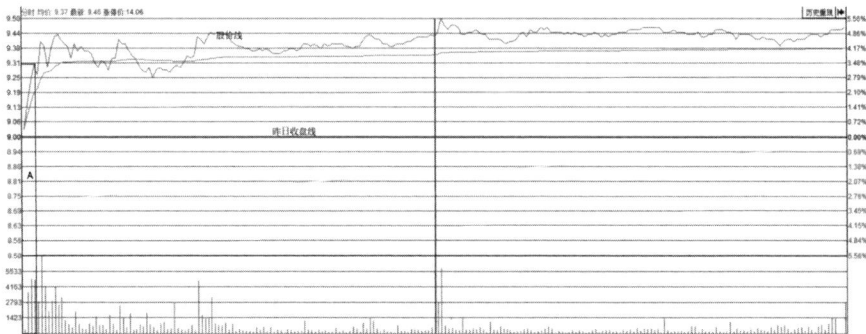

图6-24　振华股份2024年4月2日分时图

注意事项：

（1）投资者在买股时期的第二个步骤中，主要是通过分时图来判断股价短期量价齐升的强势状态，以及通过盘口的主力净流入情况和日换手率来确认股价短期的活跃度和资金进出的情况，最终确认这种分时图的强势是否可持续，因此它是买入环节中最为重要的一个步骤。

（2）若投资者在买股的第二个步骤中发现股价出现超强状态时，则无须过于要求盘口的主力净流入和换手率的强势，哪怕当日的主力资金表现为净流出状态即可，因为这种情况多数是在开盘竞价期间的主力资金进出情况导致的，再有就是软件统计资金量时的一种略延后所引发的显示不及时的情况。

6.6.3　按照仓位要求果断买入

在完成前两个买股步骤的判断后，当进入第三个步骤时，主要的操作就是买入股票，也就是提交委买单。但是这一环节同样是一个不可忽视的重要步骤，因为关系到买多少，如何买的问题。买多少即以什么仓位去买，一定要根据目标股在上一个步骤中的具体表现来确定：超强状态时以重仓的资金量买入，强势状态时以轻仓的资金量买入。在提交委买单时，要坚持现价交易原则：以委卖 1 的价格输入并提交。这样才能在行情到来时达到即时成交的目的。

实战案例：

仍然以振华股份为例，若是在 2024 年 4 月 2 日，投资者于图 6-24 的 A 区域中完成了其分时盘口的短期极强状态判断，在进入网上股票交易系统后，委托购买股票时，应以重仓的水平，以账户中 50%~80% 的资金量去买入相应的股票数量即可。

然而，若是投资者操作的是图 6-25 北自科技（603082）这只股票，在日线图的 A 区域，股价在持续下跌中出现了阳线大阳量柱的一阳指形态时，因为量能保持在较高水平，且这只股票是一只上市不久的次新股，因此，投资者应将仓位控制在三分之一左右，轻仓买入。

图6-25 北自科技日线图

注意事项：

（1）投资者在进入买股的第三个环节后，也不可掉以轻心，因为一切几乎都可能要临场作出决断，如仓位的选择，一定要根据目标股在上一步骤内的具体表现来决定：超强状态时重仓，强势状态时轻仓。

（2）在提交委买单时，除了要遵循以委卖1的价格填写买单价格的现价交易原则外，还要学会当股价出现快速向上跳跃致使委买单无法达成交易时，要及时撤单，重新以现价填写的原则，甚至是对那些快速冲击涨停的股票，可以以略高几分的价格提交，但不可过高，否则将被视为恶意操作。

6.7 实战要点

6.7.1 只要确认为一阳指或变形一阳指形态即应果断买入

投资者在根据一阳指战法买入股票期间，虽然从买股环节上分为三个步骤，但这只是为了对买股环节进行细化分析。在实战时，投资者也可以忽略其中的对分时图盘口强势的判断，只要发现股价在日线图上形成了明显的一阳指形态或是变形一阳指形态，即可通过日线图上盘口强势状态买入股票。因为不管股价是否表现为短期趋势的超强，只要日线图上形成一阳指或变形一阳指形态，就意味着股价出现明显的由弱转强，就应当买入股票。

实战案例：

如图 6-26 剑桥科技（603083）日线图所示，股价在持续下跌中进入 A 区域，并在探底后快速止跌回升，成交量为明显阳量并持续放大，收于一根大量状态的阳量柱，只是小幅放量，K 线收于一根光头涨停长阳线，因此，可确认该处为极强状态的一阳指形态，应根据当日分时图的强势状态，果断在涨停前买入这只股票。

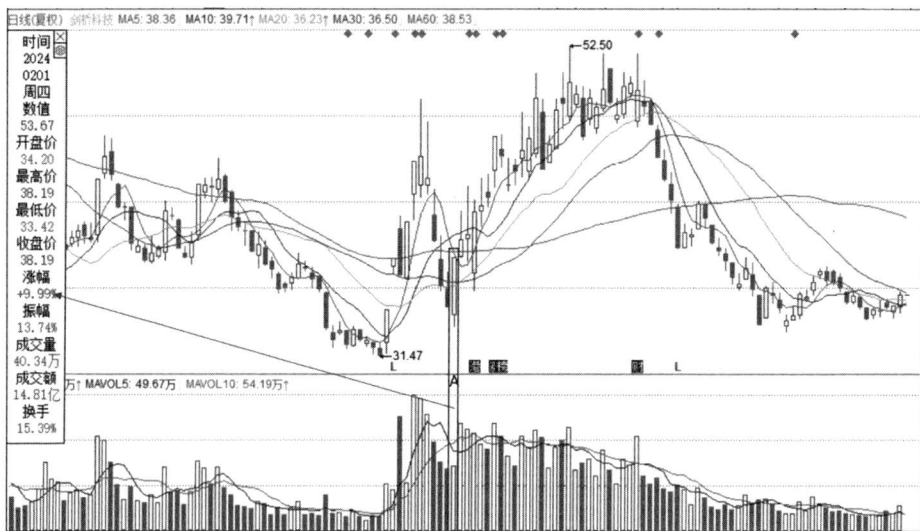

图6-26　剑桥科技日线图

注意事项：

（1）一阳指或变形一阳指形态是一阳指战法中买入股票时日线图上所表现出来的形态，而一阳指战法同时操作的又是日线小波段，所以，投资者完全可以只根据日线图的一阳指形态来买入操作股票。

（2）在买股步骤中，第二个步骤，即确认分时盘口强势，不过是根据分时图寻找超强状态类股票的方法，若目标股未表现为短期极强，是否观察分时图并不重要，因为盘口信息在日线图上的右侧区域同样会显示，所以，日线上的买股形态才是唯一的买股形态，对分时盘口强势的判断，多数只是在日线初期形成一阳指形态时的一种通过分时强势来确认日线一阳指形态是否成立的预判，或可将其视为提前买入的一种方法。

6.7.2　买入股票时一定要坚决果断

投资者在根据一阳指战法实战买股期间，在买入股票时，一定要表现得坚决果断，也就是说，只要是从日线图上确认了一阳指形态或变形一阳指形态和分时盘口强势后，在按照仓位要求买入股票环节，一定要做到快速、准确、果断，以最快的速度完成买入操作。但这里必须明确一点，这里的操作是完成交易，而不是提交委买单。因为买股时，往往股价是处于强势或超强状态的，所以，股价通常表现为持续上涨状态，因此，投资者必须坚决遵守现价交易原则，以委卖 1 的价格提交委买单，一旦股价上涨过快，就要快速撤单，重新以现价去提交委买单。这样才能在第一时间达成最终的买入交易。

实战案例：

如图 6-27 天成自控（603085）日线图所示，股价在持续下跌中进入 A 区域后，先是出现一根实体较短、影线较长的阳线，成交量为低量水平，其后又收出一根同等量能水平的红十字星，但第三个交易日，在同等成交量水平的情况下，却收出一根光头涨停阳线，为强势状态的变形一阳指形态。因此，投资者在根据分时图上短期极强状态买入股票时，一定要果断坚持，且要重仓以当时委卖 1 的价格去现价提交买单，以及时达成买入交易。

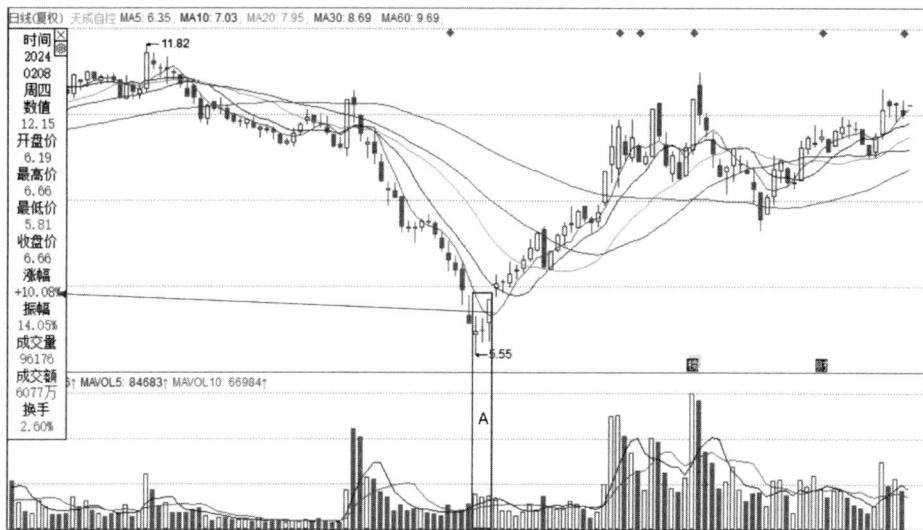

图6-27　天成自控日线图

注意事项：

（1）若投资者在买股期间，当买入数量较大而委买1处的挂单数量不够时，可以直接以委买2的价格挂单，这样系统会自动根据优先原则，在以最低卖价达成交易后，再以下一最低卖价卖给委买者。

（2）投资者要想在买入股票环节做到坚决和果断，就一定要在学完整个一阳指战法后，根据其技法以小仓位去实战，这样反复操作后，才会更加熟悉其操作流程，才能做到操作自如。

6.7.3　买股失败后应果断止损

投资者在根据一阳指战法买入一只股票后，若是其后目标股并未走强，而是出现震荡或下跌，投资者应果断止损卖出。造成这种情况的原因多半是投资者在判断一阳指形态时未能准确判断出这一形态，因为一阳指形态是以单根 K 线和单根成交量来判断股价强势的，若投资者无法准确确认形成一阳指形态，买得过早，或是一阳指形态出现时出现量能过高的情况，形成巨量阳线上涨的一阳指形态，往往其后若不能持续保持大量状态的上涨，在短时的震荡走低后，才会真正走强。

因此，短时的止损卖出是为了规避其后的短线风险，因为一旦股价回调过多，持股损失会更大。反而应先行止损卖出，在其后转强时再买回来，或是去操作其他的目标股。

实战案例：

如图 6-28 宏盛股份（603090）日线图所示，若投资者在股价持续下跌的 A 区域根据持续小阳线上升、成交量温和放量的标准，确认了变形一阳指形态而买入这只股票后，发现在下一个交易日股价出现高开低走情况，并快速跌破 5 日均线，说明此次的买入出现失误，因此，投资者应果断先行止损卖出股票，到其后股价于持续下跌中进入 B 区域再次形成变形一阳指形态，并表现为光头光脚的涨停阳线时，再重仓买入。

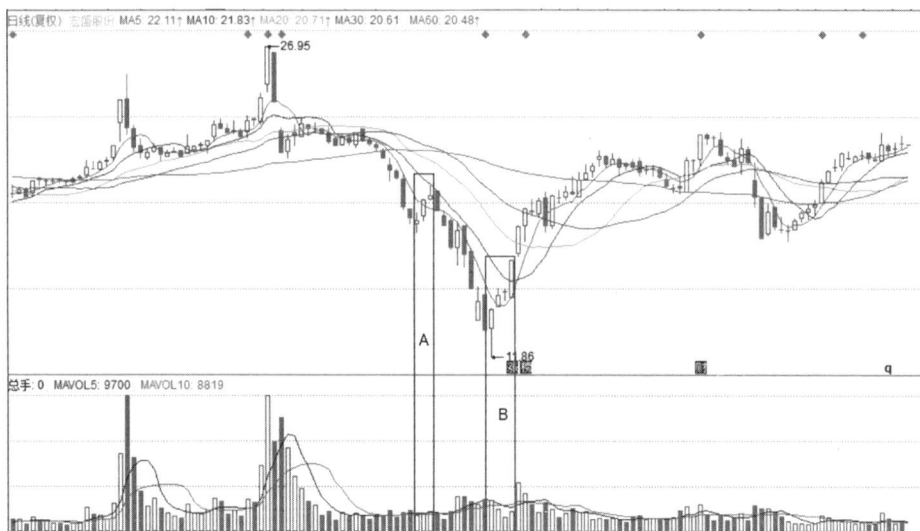

图6-28　宏盛股份日线图

注意事项：

（1）从一阳指战法的整个操盘体系看，只要是投资者在正常的一阳指形态或变形一阳指形态中买入股票，通常是不会出现失败的，但也不能排除一些投资者人为判断上的失误，或是意外情况的发生，因此，必须事先树立买股失败后果断止损的思想，并严格在买股失败时坚决执行。

（2）一阳指形态买入失败的意外情况，通常是股价出现向下探寻长期大底的行为，或是上市公司突发了一些不可逆的经营状况，如技术壁垒为其他企业突破，或企业经营陷入瓶颈等，因此，必须先止损卖出后再来观察，以确定是否还继续操作这只股票。

第 7 章

持股判断：
敢于捂股才能获利

投资者在买入一只股票后，绝不能只是拿住就可以了，还必须时刻留意股票的具体趋势和波动，因为不能一看到股价出现短线波动就卖出股票，只有敢于捂股，其后才能获得更大的收益。因此，捂股在一阳指战法中同样是一门技术活儿。

7.1 持股原则

7.1.1 持股能持续获利

投资者在根据一阳指战法买入一只股票后，在持股期间，一定要明白一条最根本的持股原则，即所持有的股票只要能够保持持续获利的状态，就要坚决持股。因为即便是股价在盘中出现短时的波动，只要强势特征明显，且股价在持续上涨，哪怕幅度较小，但能够持续获利，就说明股价的短期强势并未改变，所以，此时一定要安心保持持股不动的捂股状态。

实战案例：

如图 7-1 宏盛股份（603090）日线图所示，若投资者在 A 区域根据变形一阳指形态买入这只股票，在其后持续上涨的 B 段走势中，股价先是出现快速上涨，但很快就形成 K 线实体不大的震荡上涨，虽然每个交易日的涨幅并不大，甚至出现了阴线，但整体上 K 线的重心在不断向上，且持续在刷新着高点，投资者账户内的收益也在持续增长，所以，应坚持持股能持续获利的原则，在 B 段走势中一直保持持股状态。

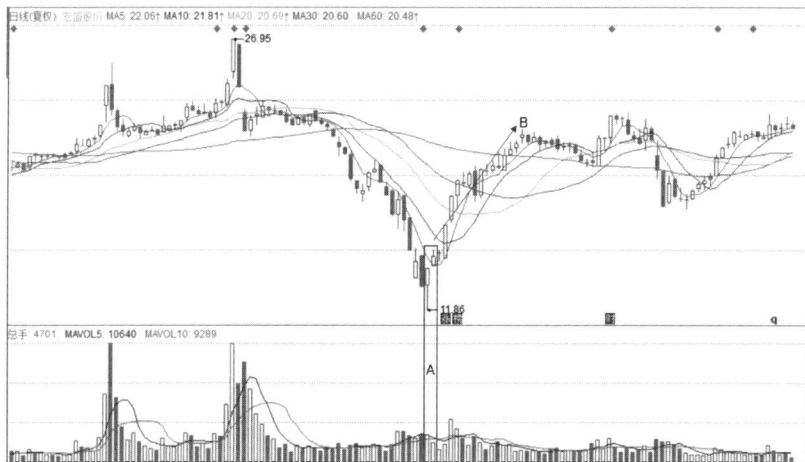

图7-1　宏盛股份日线图

注意事项：

（1）持股能够持续获利是持股时的一条根本原则，因为买股就是为了获利，既然买入的股票能够每天或多或少地获利，就证明股价的短期强势依然在持续，所以要继续持股。

（2）投资者在坚持持股能够持续获利即持股的原则期间，不可过于乐观，因为一阳指战法是短线操盘技术，所以，要时刻留意股价的快速转弱。

7.1.2　持股存在继续上涨的动能

投资者在买入股票之后，若发现股票存在着继续上涨的动能时，就应当坚定持股，因为股票买的就是一种预期，哪怕是短线操盘，买的也是股价短期强势的预期。因此，尽管股价在盘中出现短时的弱势下跌或震荡，但只要其上涨动能依然存在，就必须保持持股。而关键是投资者在判断其上涨动能时，当盘中出现股价一下跌即缩量，一上涨即放量，且很快会刷新盘中高点的情况时，即可确认为股票的上涨动能依然存在，应坚定持股。因此，持股存在继续上涨的动能，同样是一条重要的持股原则。

实战案例：

如图 7-2 越剑智能（603095）日线图所示，投资者在 A 区域根据一阳指形态买入这只股票，股价在其后的上涨中，进入 B 区域，出现一根实体相对较长的阴线，为光头光脚阴线，但成交量明显出现大幅萎缩，而下一交易日股价出现大幅的中长阳线回升，股价下跌时间较短，仅持续一个交易日，所以为短线波动，上涨动力依然存在。随后，又仅是经过了一个交易日，股价回到下跌前的位置，在其后的 C 区域，股价跳空高开后出现多根小阴小阳线的横盘小幅震荡，但在期间震荡向下时，均未跌破之前回升的阳线高点，说明这仅仅是一种空中加油式的主力洗盘，因为股价盘中一震荡上冲即出现放量，一震荡下跌即出现缩量，说明上涨动能依然存在，因此，应继续保持持股。

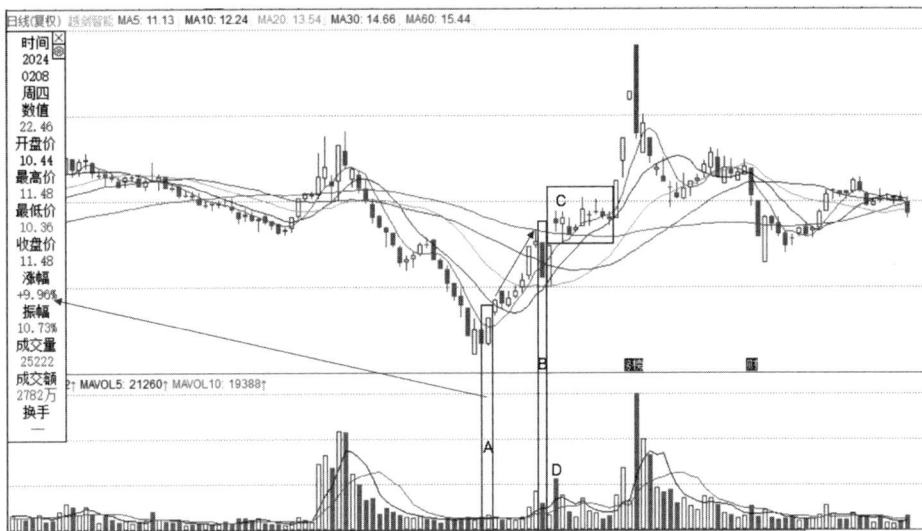

图7-2　越剑智能日线图

注意事项：

（1）持股存在继续上涨的动能是一阳指战法中一条重要的持股原则，投资者在实战期间一定要严格遵守，并按其要求执行，因为能否买到短期强势股固然重要，但能够捂好股同样重要，是后期实现获利的保障。

（2）投资者在坚持持股存在继续上涨的动能原则期间，一定要学会如何判断一只股票是否短期存在上涨动能的方法，基本上就是股价涨多跌少，即便盘中波动较大，但却能随时刷新盘中高点，即表明具备上涨动能。

7.2　持股形态

7.2.1　缓慢上行的量价齐升

缓慢上行的量价齐升是一种明显上涨的量价齐升状态，即当股价在一阳指形态后出现上涨时，K线上行的幅度并不大，且是以叠加的方式出现，但后一根K线却明显高于前一根K线，且高点在不断刷新，同时，成交量保持在持续大量状态，或持续放量状态，即为缓慢上行的量价齐升，这是股价常态下强势上涨的一种常态，所以，买入者一定要在这种形态中安心持股待涨。

实战案例：

如图7-3 江苏华辰（603097）日线图所示，若投资者于 A 区域根据强势一阳指形态买入了这只股票，在其后的 B 段走势中，K 线以实体较短小的阳线的方式保持着持续向上运行，且成交量也一直保持着同等水平的阳线，为股价缓慢上行的的量价齐升状态，所以，应始终保持持股。

图7-3　江苏华辰日线图

注意事项：

（1）缓慢上行的量价齐升若是出现在探底回升的反弹行情中，通常是反弹力度不大的表现，即只要股价这种缓慢上涨的方式不停，就一直持股，直到这种状态中止时才卖出。

（2）若缓慢上行的量价齐升出现在了上涨趋势中，往往是一种慢牛股票的特征，此时，投资者若是想通过长期持股获利，则应去观察长周期图上的趋势，若是以一阳指短线操盘，则只要短期弱势明显，即可中止持股，卖出股票。

7.2.2　快速上行的放量上涨

快速上行的放量上涨，是指股价在触底回升后，并没有缓慢上涨，而是出现了快速上涨，或以持续涨停的方式，甚至是跳空上涨的方式或一字板的方式快速上行，或是当股价每日都保持着超过 5% 的幅度上行时，成交量表现为明显的放量状态，或大量状态。这种形态一出现，往往是股价由弱快速转强的征兆，所以，投资者一定要捂好手中的股票，轻易不要卖出，因为这种快速上涨的放量上涨类股票，出现反弹变快速反转的概率极高，且短期涨幅更为可观。

实战案例：

如图 7-4 长白山（603099）日线图所示，若投资者于 A 区域根据变形一阳指的突变强势形态买入了这只股票，在其后的 B 段走势中，K 线一直保持着持续向上跳空式上行状态，且几乎后一根 K 线高点均在上一根 K 线上方，成交量一直保持着持续放量的大量状态，这是股价快速上行的量价齐升状态，因此，投资者在此期间应始终保持持股。

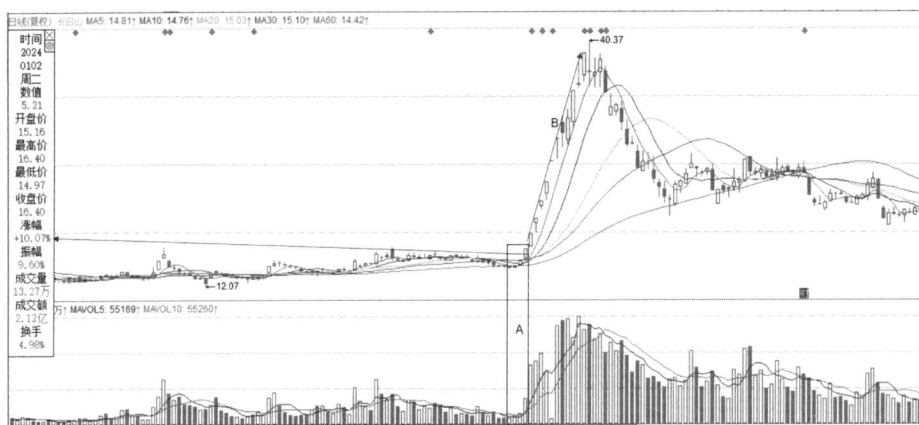

图7-4　长白山日线图

注意事项：

（1）快速上行的放量上涨出现时，往往股价上行的幅度较大，速度较快，投资者可从日线图上清楚观察到，尤其是跳空式上涨，或持续涨停式上涨，只要量能保持着当前的高水平即可。

（2）若快速上行的放量上涨出现时，股价在持续快速上涨，但成交量却并没有明显放量或是出现缩量，则是股价快速涨停导致的，投资者无须担心，安心持股即可。

7.2.3 锯齿式上涨

锯齿式上涨，是指当股价上涨的时候，表现为持续上涨一下，然后震荡或小幅下跌一下，而后继续上涨，形成后一波上涨的高点高于前一波上涨高点的状态，就像是一个向右上方倾斜上行的锯齿。由于这种锯齿式上涨是以进二退一似的方式上涨，所以其特点较为鲜明，通常出现在短期弱势下跌选股标准下选出的股票中，因为这是一种长牛股缓慢上涨的方式。在判断是否为锯齿式上涨时，一是要求上涨时放量、下跌时明显缩量；二是每一波上涨的高点，必须要高于前一波上涨的高点。因此，当出现这种锯齿式上涨时，要安心保持持股状态。

实战案例：

如图 7-5 新经典（603096）日线图所示，若投资者于 A 区域根据一阳指形态买入这只股票，在其后到达 B 区域期间，K 线一直保持着上行数日后又略下跌几日，然后又恢复上行并刷新高点数日后，继续以这种方式上行，且高点在不断向上的同时，低点也呈现出不断上行的状态，且上行期间的时间略长、下行期间的时间略短，上行时放量明显，下跌时缩量明显，为锯齿式上涨状态，因此，投资者应在此期间一直保持持股。

注意事项：

（1）在一阳指战法操盘过程中，锯齿式上涨经常出现在那些上涨趋势调整结束后出现的上涨行情中，作为短线投资者，从操盘原则上基本上可忽略这种形态，或是直接按其特征，采取低点买高点卖的短线交易策略，从中赚取差价。

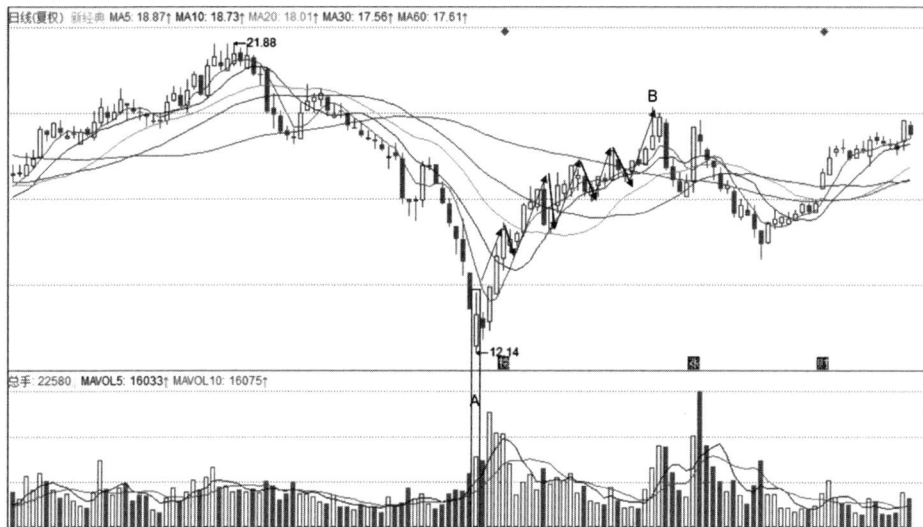

图7-5 新经典日线图

（2）若是大蓝筹或大白马股深度调整后出现锯齿式上涨，往往是股价触底回升后缓慢转牛的征兆，但投资者必须结合长周期图的趋势演变及其短线的具体情况综合考虑，因为所有的长期趋势的转牛，都是由短期趋势的一点点强势积累而引发的。

7.3 主力洗盘时的整理状态

7.3.1 强势洗盘

强势洗盘，是指股价在弱势转强初期，一旦出现短期的上涨幅度略大情况，主力资金往往会利用成交量放大的方式进行快速洗盘，在股价上则经常表现为大幅下跌，甚至是跌停。对普通投资者而言，在应对强势洗盘时，可坚持一个原则，股价未出现明显大幅上涨时，除非是股价快速转弱，否则就多数是主力在洗盘，这时可保持持股不动，若是发现主力洗盘时短线放量下跌明显，不妨先卖出股票，待其企稳后再接回来。若是股价短期上涨幅度较大，则应先卖出股票，但其后不可短期再买回来，尤其是遇到主力在以天地板或地天板强势洗盘时，即便卖早了也不要再参与，一定要远离这类妖股。

实战案例：

如图 7-6 润达医疗（603108）日线图所示，若投资者于 A 区域根据一阳指形态买入这只股票，股价在其后的上涨中进入 B 区域，出现一根上影线和实体同样较长的阴线，且成交量放大明显，虽说这根阴线为自 A 区域反弹后出现的首根阴线，为主力洗盘的概率较大，但考虑到当日的量能较大，说明即便是主力在洗盘，也属于强势洗盘，因此，投资者可在当日收盘时先行卖出股票，在下一交易日发现股价略低开即快速量价齐升式回升时，可再买回来。

图7-6 润达医疗日线图

注意事项：

（1）强势洗盘出现时，往往成交量会表现为较长的放量状态的阴量柱，K 线同样也会以上影线极长的形式出现，或是实体较长的中长阴线。

（2）一旦强势洗盘出现，很多投资者是很难在第一时间判断出是主力在洗盘还是投资者在真的短线卖股，所以，这时的操盘原则是，承受能力强的投资者可保持持股不动，否则就要卖出股票。

7.3.2 弱势洗盘

弱势洗盘，是指股价在上涨期间出现横盘震荡或明显地向上快速上冲后的快速下跌，或是直接快速下跌，但是在下跌期间，往往在下跌末端表现最明显，即量能一下子大幅萎缩，形成明显的下跌缩量，这表明主力是在上涨中途进行弱势洗盘，但由于盘中筹码持有坚定，所以量能才出现大幅萎缩，一旦结束这种弱势洗盘后，股价又会快速恢复上涨。因此，投资者若发现所持股票出现了这种弱势洗盘，应坚决保持持股。

实战案例：

如图 7-7 横店影视（603103）日线图所示，若投资者在 A 区域根据一阳指形态买入这只股票，在其后的上涨中，进入 B 区域后，K 线表现为小阴小阳线的略回撤式的震荡，为主力资金的弱势洗盘；其后进入 D 区域，虽然出现一根实体略长的阴线，但成交量明显大幅缩量，所以，同样是主力资金的一种弱势洗盘形态；再后面的 C 区域，股价小幅下跌后，再次出现如 B 区域一样的缩量状态的小阴小阳线的洗盘，同样为主力资金弱势洗盘的特征。因此，在 B 区域、C 区域和 D 区域主力弱势洗盘期间，投资者均应保持安心持股状态。

图7-7 横店影视日线图

注意事项：

（1）当弱势洗盘出现时，往往意味着持有者存在一种惜售心理，所以才会出现股价在短时下跌中未出现大举抛售的恐慌盘，因此是一种股价涨势未止继续上涨的信号。

（2）弱势洗盘往往在日线上只会粗略地显示出缩量状态，而在分时图上则显现得更为明显，即股价线往往表现为一种缩量或量能处于均衡状态的横盘小幅震荡状态，所以，它也是股价快速启动前的征兆。

7.4　实战要点

7.4.1　强势洗盘时注意股价位置和调整的持续性

投资者在持股期间，当股价在强势中突然出现放量下跌的强势洗盘时，确认主力是在洗盘还是在出货极为关键，因为强势洗盘时量价表现与卖股时的量价形态几乎是一样的，所以，一是要观察当前的股价位置，即 K 线是否跌破 5 日均线，或重心是否在明显下移；二是要看股价的调整是否具有持续性，即如大阴线大阴量下跌后，是否继续在大幅下跌。如果这两个条件均不是，则可确认是主力在洗盘。若好像是但又把不准时，可辅助观察盘口中主力净流出的状态，要是主力以净流出为主，且流出量又较大时，通常到尾盘时小盘股达到 1 000 万 ~2 000 万元，或中大盘达到了 5 000 万 ~10 000 万元，就不要纠结主力是否在洗盘，应果断卖出股票。

实战案例：

如图 7-8 康尼机电（603111）日线图所示，若投资者于 A 区域根据一阳指形态买入这只股票，股价在其后的上涨过程中进入 B 区域，形成一根看似放量下跌的阴量阴线，在判断是否为主力在强势洗盘或出货时，首先应看一下当时的股价位置，该处为此轮低点反弹后的第 6 个交易日，且期间仅仅出现一次涨停，涨幅并不算大，B 区域刚刚好是股价在空头排列中向上首次突破 60 日均线时，股价在首次突破 60 日均线后出现震荡或再次跌破 60 日均线是正常的，从趋势角度分析，只有当股价持续在三个交易日内成功站上某根均线时，才意味着股价真正站上了这根均线，因此，投资者在 B 区域时，可再持股观察一下。而下一个交易日股价盘中快速跌破 60 日均线后快速回升突破 60 日均线，且持续上涨，说明 B 区域的阴线为主力资金短期的强势洗盘。然而，对于投资者而言，遇到此类主力的强势洗盘，若当时难以辨别主力是否在强势洗盘，可先行在 B 区域卖出股票，在下一个交易日发现股价止跌回升明显，即可确认 B 区域为主力资金在强势洗盘，再买回股票即可。因此，在遇到主力强势洗盘时，投资者应当多留意当时股价的位置是否过高，或是主力强势洗盘的时间长短和持续性，因为大多数强势洗盘的主力，通常是不会持续这种放量下跌的洗盘的，往往是经过了一个交易日的大幅下跌，下一个交易日即恢复强势，否则就极容易引发短期趋势的变盘。

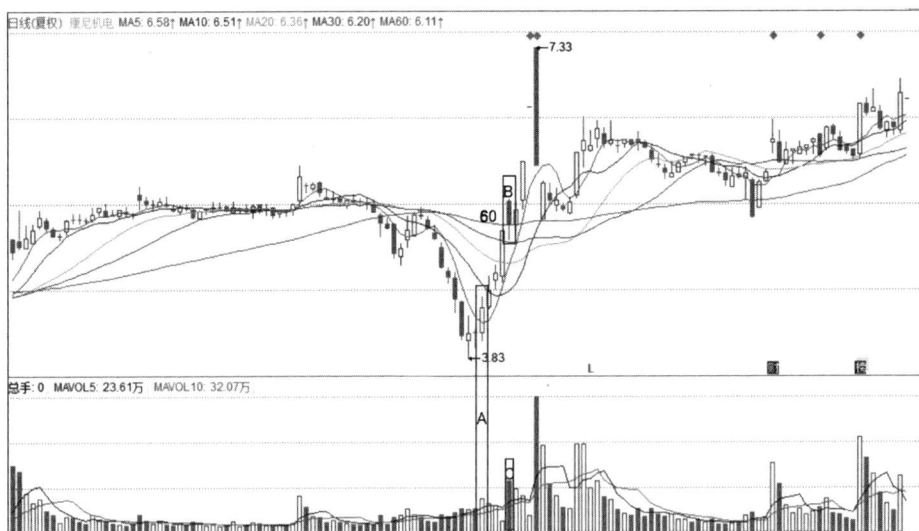

图7-8 康尼机电日线图

注意事项：

（1）若持股期间股价出现大幅放量下跌，在判断是主力是在洗盘还是趋势在转弱时，投资者应观察当时的股价位置，若股价直接跌破 5 日均线，应谨慎持股，以卖出为主。持股者可观察其后这种下跌是否具有持续性，若次日即止跌回升，则多数为主力的强势洗盘，可继续持股。

（2）在实战期间，因为强势洗盘时量价形态与卖股时的量价形态相似或相同，所以，只要是股价短期涨幅较大时，买入者应结合盘口主力净流出状态来观察主力动向，一旦发现苗头不对，应中止持股，哪怕是被主力强势洗出局也无须后悔，因为强势洗盘是极难判断出来的。

7.4.2 弱势洗盘时留意股价是否跌破关键位

投资者在买入股票的持股期间，若股价出现下跌或横盘震荡，在确认股价是弱势洗盘，还是上涨乏力时，可观察股价是否在短时下跌中跌破关键位。只要不跌破关键位，股价即将或已跌到关键位时，随即涌出许多买盘，股价止跌回升，说明是在弱势洗盘。若股价在接近关键位时，没有丝毫止跌迹象，且股价轻易就跌破关键位，并未明显止跌，则往往说明短期趋势变弱，则应卖出。而判断关键位的方法，就是看股价突破性上涨的阳线是否在回落中跌破其高点，跌不破时，往往是强势特征明显；若跌破，则应看后向其低点下跌时，支撑如何，若股价向下一接近低点即涌现许多买盘或大单买盘量，止跌回升明显，则意味着支撑较强，为主力的弱势洗盘，应保持持股，否则就应该卖出股票。

实战案例：

如图 7-9 恒银科技（603106）日线图所示，若投资者在 A 区域根据一阳指形态买入这只股票，在其后的持续上涨中，股价进入 B 区域，小幅震荡了一下，即形成实体较小的小阴小阳线式的横盘震荡，成交量也出现明显的持续缩量状态，明显是主力弱势洗盘的特征，但由于是反弹行情，所以，应时刻留意 B 区域期间的股价是否跌破关键位，即股价是否跌破 B 区域小阴小阳式横盘震荡前的那根明显上涨阳线的低点，此时投资者可发现其间股价并未跌破，因此，可在 B 区域安心持股。但若是在 B 区域中出现股价跌破之前阳线低点的情况，则往往是股价上行无力后转弱的征兆，此时就应该中止持股了。

图7-9　恒银科技日线图

注意事项：

（1）投资者在弱势洗盘出现时，主要是观察股价是否跌破关键位，也就是股价在关键位时的具体表现，支撑强时则表明是主力洗盘的概率大，可安心持股，否则就应中止持股。

（2）无论是在弱势洗盘还是强势洗盘期间，投资者均应随时观察盘口信息中主力资金的动向，以确认主力是否在离开，通常而言，若一只中盘股或大盘股的当日表现为主力净流出约 2 000 万元，属于正常，投资者不可过于担心，因为这种量对于中大盘股而言，属于操盘过程中正常进出的资金量。反而是小盘股，若达到这种净流出量时，则要小心持股了。

7.4.3　跌少涨多往往是主力洗盘的重要征兆

投资者在买入股票后的持股过程中，当股价出现下跌时，在判断是主力洗盘还是趋势已转弱时，应多从价格的表现来直接分析，因此先抛开成交量，只要价格表现为跌时幅度小、涨时幅度大，则往往意味着股价正处于缓慢持续的上涨过程，所以，盘中即便是出现放量下跌的强势量价形态，往往是主力强势洗盘的征兆，因为不管如何去洗，股价均表现为涨多跌少，投资者可在股价持续小幅上行中获利，因此，可以确认该种情况为主力在洗盘，可继续安心持股。

实战案例：

如图 7-10 浙江荣泰（603119）日线图所示，若投资者在 A 区域根据变形一阳指形态买入这只股票，股价在其后的持续上涨中进入 B 区域，出现一根实体较长的中阴线，但成交量却是放量不明显，即便是如此的长阴线，也未跌破之前 C 区域明显上涨的阳线低点，所以明显是涨多跌少，为主力洗盘的征兆；在其后的 D 区域中，股价在阳线之后，表现出大幅跳空高开后的持续横盘震荡，且 K 线均未回补这一缺口，同样为明显的空中加油式的主力洗盘方式。综合整个行情来看，无论是 B 区域的大阴线式洗盘，还是 D 区域空中加油式的快速洗盘，事实上均为基于 C 区域此根上涨阳线后的洗盘，但就整个趋势来看，明显是涨多跌少的表现，所以，投资者应安心持股。

图7-10　浙江荣泰日线图

注意事项：

（1）跌少涨多是股价涨跌的一种最为直接的表现，所以是判断主力是否洗盘的最有力证据，因为不管是主力洗盘还是出货，若股价一直表现为涨多跌少状态，意味着持股就能够持续获利，所以就应继续持股。

（2）投资者在根据股价的涨多跌少来判断主力资金的行为时，不可忽略成交量，尤其是成交量在保持大量的状态下，若股价的涨多跌少表现得并不明显，即只是上影线小幅地在盘中刷新高点，但实体保持一个相当水平的横盘时，则不管量能表现为阳量还是阴量，均应果断中止持股，因为主力是在隐藏出货。

第 8 章

卖股时机：
中冲剑形态是卖股的最佳时机

投资者在买入股票后捂股期间，不可一味地只知道捂，同时要明白什么时候才是卖股的时机，因为明白了卖股时机，才能更好地捂股，而且一旦出现卖股时机，就要果断中止持股，及时卖出股票。股市里有句俗话"会买的只是徒弟，会卖的才是师傅"，所以，对卖股时机的把握，才是股票交易中最为重要的一项技术。

8.1 卖股原则

8.1.1 持股无法继续获利

投资者在持股期间，在决定是否中止持股时，一定要坚持一条卖股原则，即持股无法继续获利。这是因为，一旦持股在短期内无法继续获利，则失去了继续持股的意义，因为一阳指战法本身就是一种短线操盘技术，若短期无法再继续获利，则必然失去继续持股的意义，同时，还容易在无法继续获利的情况下，出现盈利缩小，也即收益减少。因此，持股无法继续获利是在卖出股票时的一条重要的交易原则。

实战案例：

如图 8-1 神驰机电（603109）日线图所示，若投资者在 A 区域根据强势状态的一阳指形态买入这只股票，其后股价在持续上涨中，一直保持着持续放量状态的量价齐升，应始终保持持股。但是到了 B 区域，股价在延续之前的一字涨停板开盘后，却打开了涨停板，出现持续下跌，成交量也明显收于一根上至显示区顶部的巨量阴量，说明继续持股已经无法获利，因此，投资者应果断在 B 区域所示的当日中止继续持股，果断卖出股票。这就是在持股无法继续获利的卖股原则下的卖出股票的行为，事实上，B 区域也刚好形成明显的中冲剑卖股形态。

注意事项：

（1）持股无法继续获利是投资者在决定是否卖股时的一条重要的卖股原则，但在判断时，应以股价短期内是否能够继续获利为主，一旦发现持股无法再继续获利时，就应果断卖出股票。

（2）从造成持股无法继续获利的原因看，主要包括两个方面的内容：一是持股出现小幅的下跌；二是持股出现横盘震荡。但不管是哪一种形态出现，均应中止继续持股。因此，投资者在卖股期间，应主要从这两个角度来观察，持股是否存在上涨的动能，以确认继续持股是否能够再次获利。

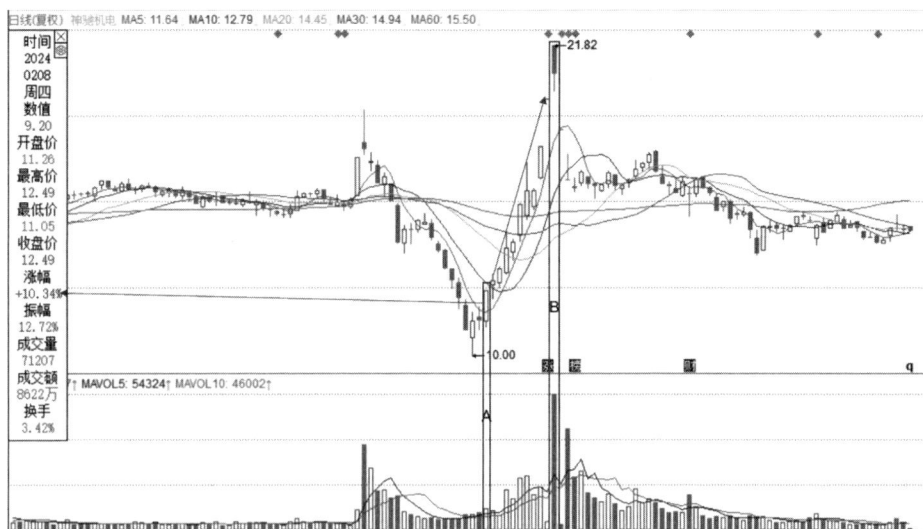

图8-1　神驰机电日线图

8.1.2　买入股票后失败

投资者在根据一阳指战法买入一只股票后，一旦发现股价的弱势反弹并未持续，或是上涨趋势的短期调整趋势并未结束，则应果断卖出股票，直到真正的弱势反弹到来，或当短期调整结束后，再次形成明显量价齐升的一阳指形态时，再买入股票。这主要是从风险的角度考虑的，因为若是弱势反弹未结束，则极有可能出现新一轮的下跌，短期跌幅或会很大；若是上涨趋势中的短期调整行情未结束，说明调整还未到位，但若是调整一到位甚至是时间一拉长，则极有可能因调整时间长或幅度的加大而造成趋势上的真正转弱。因此，买入股票后失败同样是一条重要的卖股原则。

实战案例：

如图 8-2 华翔股份（603112）日线图所示，投资者若是在 A 区域根据强势的一阳指形态买入这只股票，但其后的下一个交易日 B 区域，发现股价未持续上行，反而只是略向上震荡后转为下跌的弱势震荡，且成交量明显放大，说明 A 区域的买入股票行为失败，不管是什么原因，A 区域的买入失败却是一个现实，因此，在 B 区域应果断卖出在 A 区域买入的股票数量，否则其后会遭遇大幅下跌的损失。而到了其后的 C 区域，当股价再次出现明显的量价齐升的一阳指形态时，则难以再买入了。因此，当根据一阳指战法买入股票失败后，投资者一定要严格遵守买入股票失败后果断卖出的卖股原则。

图8-2　华翔股份日线图

注意事项：

（1）造成投资者买入股票后失败的客观原因，就是形态的勉强，比如一阳指形态出现时，成交阳量放大不够明显，或是变形一阳指形成期间，整体的量能不足等；另一个原因则是投资者在判断买入形态时只注重形似，而忽略实质，如在一阳指形态中的缩量状态下，强势状态时的表现为 k 线出现光头涨停阳线，并非只是光头阳线。

（2）投资者若是想降低买股失败的概率，则应认真学习所有的一阳指技术，并在学习期间以小仓位的方式，运用各种技术反复地进行实践，这样必然能够减少操作中的失误。

8.2　两种卖股形态判断

8.2.1　中冲剑形态

中冲剑形态，是指股票价格在持续上涨的过程中，K 线突然出现一根上影线极长、实体较短的阳线或阴线，成交量表现为明显的阳量或阴量放大；或是 K 线表现为一根极长的中长阴线，成交量为明显放大或大量状态的中长阴量柱；同时，盘口均显示为主力资金以净流出为主、换手率明显较大。投资者在运用一阳指战法操盘期间，一旦买入股票后发现持股出现这种中冲剑形态，应果断卖出股票，落袋为安。

实战案例：

（1）长上影类中冲剑形态。如图 8-3 上工申贝（600843）日线图所示，若是前期在 A 区域以一阳指形态买入这只股票，股价在持续上涨中进入 B 区域时，在 K 线上形成一根上影线极长、实体极短的阴线，成交量为一根明显放量的巨量阴量柱，形成长上影、放量大阴量的中冲剑形态，且盘口主力资金以净流出为主，换手率明显放大，说明上涨行情已结束，应果断卖出股票。

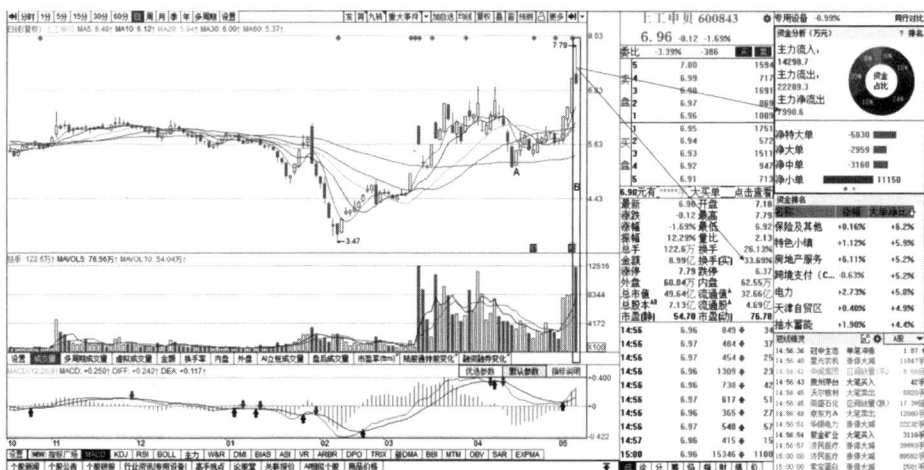

图8-3　上工申贝日线图

（2）中长阴类中冲剑形态。如图 8-4 汉商集团（600774）日线图叠加 2024 年

5月10日分时图所示，若前期以一阳指形态买入这只股票，在持续上涨中进入B区域，发现在K线上形成一根上影线并不太长、实体较长的中阴线，下方的成交量显示为一根明显放量的巨量大阴量柱，形成明显的中长阴线、放量大阴量柱的中冲剑形态，且当日盘口主力以净流出为主、换手率约为30%，说明反弹已经结束，应果断在分时图上C区域及股价线弱势整理后数次上冲昨日收盘线均未果而转震荡下跌的B区域，及时卖出股票。

图8-4　汉商集团日线图叠加2024年5月10日分时图

（3）十字星类中冲剑形态。如图 8-5 新华百货（600785）日线图所示，若投资者前期买入这只股票，在持续上涨中进入 A 区域后，K 线出现一根上下影线均极长的红十字星，成交量突然表现为一根巨大的阳量，形成十字星类中冲剑形态，且盘口显示主力资金以净流出为主，换手率较高，说明趋势已快速转弱，应果断卖出股票。

注意事项：

（1）投资者在实战卖股期间，一定要准确分辨出两种不同的中冲剑形态：一是明显的长上影阴线＋放量长阴量柱的量价齐跌形态；二是长上影阳线＋放量大阳量柱的形态。往往第二种情况出现时，股价跌势不明朗，但此时一定要结合盘口主力资金的动向进行辅助判断是否为卖股时机。

图8-5　新华百货日线图

（2）投资者在判断中冲剑形态时，K 线和成交量所形成的量价形态虽然是关键的，但往往盘口信息中所显示的主力资金的动向更为关键，因为主力可以通过图形欺骗投资者，却无法掩盖资金大笔流出的事实。

（3）因为一阳指战法主要抓的是股价超跌反弹的一段走势，而股价结束反弹时所面临的压力大小也不同，所以，一些股票在结束反弹后或只是轻微调整即恢复上涨或出现反转。投资者在遇到这种情况后，应从趋势上分析这只股票是否在反弹结束后的回调中出现反转走势，从而决定是否继续参与。

8.2.2　变形中冲剑形态

变形中冲剑形态，是中冲剑形态的一种形态略变，指原本是以量价垂直表现的中冲剑形态没有出现，而是以横向的方式出现。这种形态主要有两种表现形式：一是 K 线以孕线的方式出现，不管量大、量小均可；二是 K 线在创出高点后，持续震荡下行或平行，但始终未再刷新这一高点，量能往往表现为缩量状态。无论是哪种情况出现，均为变形中冲剑形态，只要一出现，即意味着反弹已经结束，应及时卖出股票。

实战案例：

（1）如图8-6科华数据（002335）日线图所示，若是在A区域以一阳指形态买入这只股票，股价在持续上涨中进入B区域，形成一根阳线和一根阴线，右侧的第二根阴线明显在前一根阳线高点和低点范围内，形成孕线，成交量为缩量状态，形成变形中冲剑形态，说明反弹已经结束，应果断卖出股票。

图8-6 科华数据日线图

（2）如图8-7中路股份（600818）日线图所示，若在C区域以一阳指形态买入这只股票，股价在持续的上涨中进入B区域，在左侧第一根K线创出高点后，其后的K线均为未再创出新高，且呈小阴小阳线持续下行状态，成交量也持续为小幅缩量状态，形成变形中冲剑形态，这说明一轮因快速上涨而使得反弹演变为上涨趋势的行情已经结束，应果断卖出股票。但是就这只股票而言，投资者却不应等到股价进入B区域时再卖出股票，因为在之前结束持续涨停后的A区域，已经形成长阴线、巨量阴量的中冲剑形态，应在当日及时卖出股票。

注意事项：

（1）变形中冲剑形态为标准中冲剑形态的变形，但只是在量价形态上发生改变，股价由强转弱的趋势未改变，所以，只要发现，就要果断卖出股票。

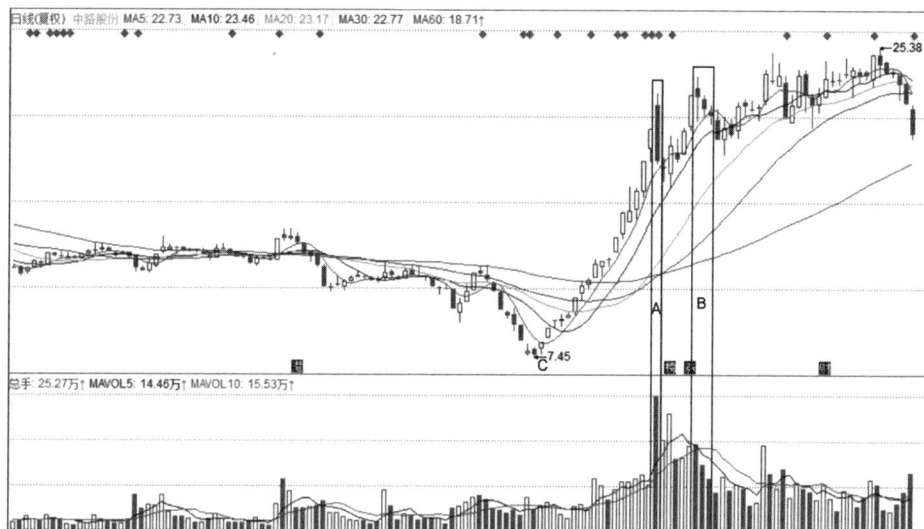

图8-7　中路股份日线图

（2）在实战中，孕线组合类的情况往往会经常出现，并且只要出现，股价后市转跌几乎是确定的，所以，它不仅是一阳指战法中的卖出股票形态，同样可用于在震荡行情中准确判断震荡高点的到来。

（3）在判断是否为变形中冲剑形态时，当 K 线表现为持续未创新高的小阳小阴线，成交量表现为明显的大量状态，盘口换手率较大，主力持续净流入较大时，往往是低位启动前的征兆，此时不应卖出股票，因为它是股价快速反转的征兆。

8.3　卖股时机的确认

8.3.1　日线盘面状态

投资者在根据日线图判断卖股时机时，通常并非要确认中冲剑卖股形态，或是变形中冲剑卖股形态，而是在这两种形态形成初期，一旦量价齐跌的准中冲剑或变形中冲剑形态出现，即算完成提早卖股的可能，但这时仅仅只是一种可能，因为是否能够实现，还要通过分时图来确认。另一种情况是，若是此时的分时图弱势不明显，则应选择在日线当日收盘的尾盘，即日线图上中冲剑形态或变形中冲剑形态已经完成，但尚未到收盘时，即卖股时的日线盘面状态出现时，这时再根据分时图的弱势去选择卖股的最佳时机。因此，卖股时日线图上的盘面状态，存在以上两种情况，投资者一定要抓住相应的时机来及时确认。

实战案例：

（1）分时弱势明显的日线图盘面。如图 8-8 华培动力（603121）日线图叠加 2024 年 3 月 19 日分时图所示，若是投资者于日线图上的 A 区域根据一阳指形态买入这只股票，在其后的持续上涨中，一旦进入日线图的 B 区域，在形成一根上影线与下影线均较长、实体较短的阳线后，K 线又出现一根大幅低开低走的阴量状态的阴线，即在日线图上出现变形中冲剑形态的初期，所以，在 B 区域内右侧阴线当日，应及时观察分时图来确认最佳的卖股时机。观察叠加的 2024 年 3 月 19 日分时图发现，当日股价线明显是在昨日收盘线下方的较远位置出现，为低开状态，且低开后持续横盘震荡，为弱势震荡，且分时量一直保持着大量状态，因此，投资者应在 C 区域分时图弱势明显、盘口主力以净流出为主之际，果断中止持股。

（2）分时弱势不明显的日线盘面。如图 8-9 昭衍新药（603127）日线图叠加 2024 年 3 月 15 日分时图所示，若投资者在日线图的 A 区域根据一阳指形态买入这只股票，股价在其后的持续上涨中，当进入 B 区域所示的这一交易日时，日线图上的股价一旦由开盘后的快速上行转为冲高回落的阴线阴量的下跌，就应及时观察当日的分时图状况，因此时即为中冲剑形成初期的状态。观察叠加的 B 区域当日的分时图，即 2024 年 3 月 15 日分时图上的情况，发现股价线是在昨日收盘线上方较远位置高开，后出现一波快速上行，然后转为震荡下行，但其后股价跌到一定程度后，形成横盘小幅震荡的形态，分时图上的量价表现为均衡状态，因此，投资者应结合日线图上的量价齐跌程度来确认具体的卖股时机。即分时图上弱势不明显时，只要日线图上形成中冲剑的弱势形态，就应果断根据盘口弱势状态，及时卖出股票。观察昭衍新药的日线图发现，在 C 区域，即成交量在阴量状态下持续变长时，成交量柱只要是高度明显超过之前阳量柱的高度，依然在变长

时，即可确认日线图上的中冲剑形态成立，应根据这种分时图弱势不明显的状态，
以及盘口主力资金以净流出为主的状态，及时中止持股。

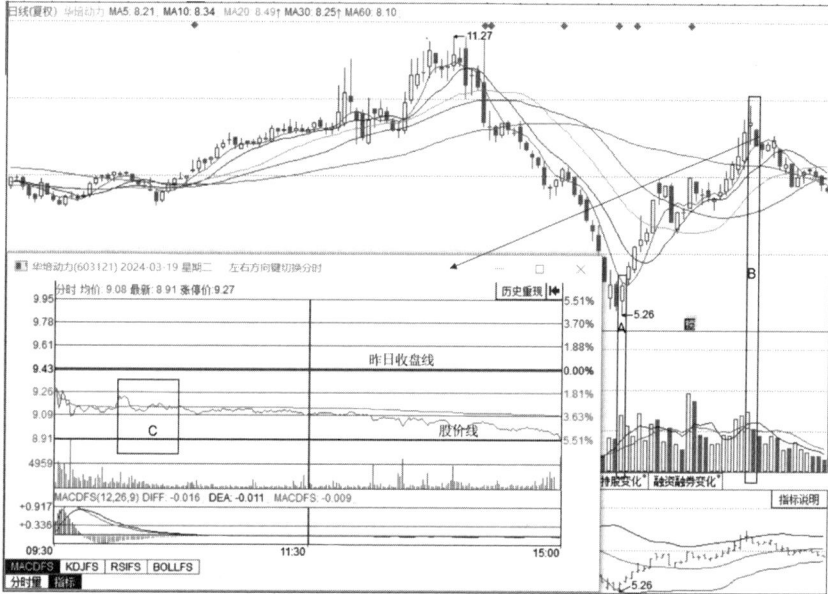

图8-8　华培动力日线图叠加2024年3月19日分时图

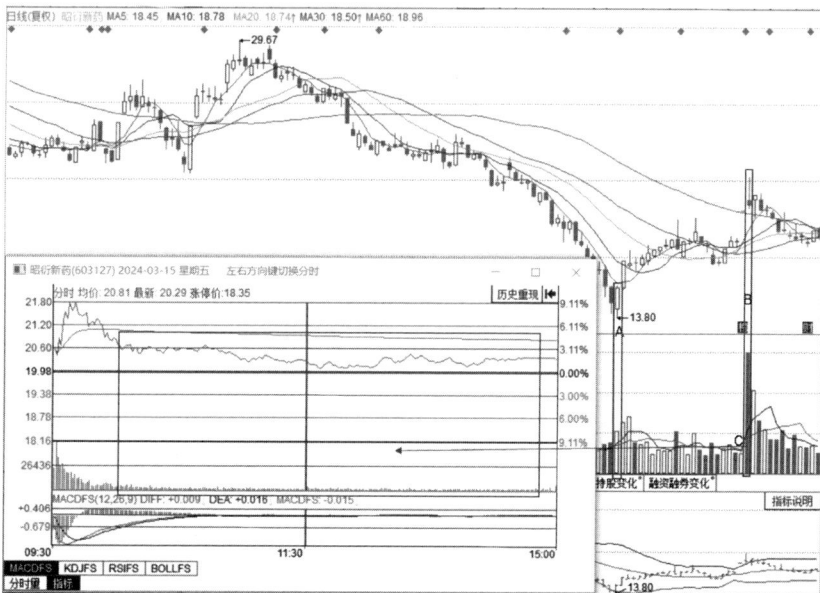

图8-9　昭衍新药日线图叠加2024年3月15日分时图

注意事项：

（1）投资者在根据日线图判断中冲剑或变形中冲剑形态时，并不是非要在形态形成收盘后，而是要在这两种形态形成初期即开始进入随时卖股的准备，达到分时短时极强弱势要求时即应果断卖出股票，否则就要延后到午后和尾盘。

（2）在实战卖股期间，在判断卖股时机时，虽然在此是将日线图与分时图的情况分开来讲解，但实际上二者是相互关联的，不可过度分开，而是要将其结合在一起来综合确定最佳的卖股时机，分开来介绍只是让投资者更能够明白其中的逻辑关系。

8.3.2　分时盘口状态

投资者在实战卖股期间，一旦所持有的股票满足阴线阴量的中冲剑形态或是变形中冲剑形态初期形态的日线图盘面状态的要求，甚至是已经完全满足中冲剑或变形中冲剑形态的日线图盘面状态的要求后，就要及时观察分时图，通过分时图股价的弱势状态和盘口的弱势状态来最终确认最佳的卖股时机。根据上一节内容中的两种情况，分时图上同样对应着两类不同的弱势卖股时机状态。一是中冲剑或变形中冲剑形成初期的分时快速下跌状态，这种情况往往是股价短期快速大幅转弱的征兆。因此，分时图上的股价线不管是在高开还是在平开的情况下，均会表现为股价线以直线的方式快速下行，且分时放量明显，同时必须随时提防高位区妖股出现涨停开盘后转直线跌停的短时过弱的分时盘口状态；或是直接以大幅低开后震荡走弱的状态出现，这时若是分时量能均衡，则应再观察日线图上的放量下跌程度，整体较大时应果断卖出股票。二是中冲剑或变形中冲剑形成初期的分时快速下跌不明显状态，如弱势不明显，分时放量不明显，这时就要再回到日线图上去观察整体的日放量程度，在达到大量或放量的标准时，盘口也表现为换手较大、主力净流出较多时，应果断卖出股票，因为在这种情况下，日线图已基本符合中冲剑或变形中冲剑形态的要求了。

实战案例：

（1）弱势明显的分时盘口状态。如图 8-10 百合花（603823）2024 年 5 月 22 日分时图所示，当日，股价线在昨日收盘线处平开后，出现 A 段走势的快速直线下行，分时量柱明显持续较长，为明显的放量下跌状态，其后股价线略震荡甚至冲高后快速出现回落，且高点未超过开盘高点，即昨日收盘线弱势明显，为短时弱势的反弹无力状况，而 B 区域再次放量下跌明显，此时盘口显示，主力在净流出，作为一只流通盘只有 4.11 亿元的小盘股，在整个 A、B 区域，也就是在当日上午开盘后的一个小时内，主力竟然流出了 5 753.6 万元，且股价最低跌幅已达到 8%，因此，只要当在日线图上满足了中冲剑形态或变形中冲剑形态初期的弱势要求时，即应果断根据这种分时图弱势和盘口的弱势状况，及时卖出股票。

图8-10 百合花2024年5月22日分时图

在此，投资者不妨再观察一下百合花这只股票的日线图，如图 8-11 百合花日线图所示，股价是在持续快速上涨过程中进入 A 区域后，表现出开盘的这种中冲剑形成初期的量价齐跌弱势，所以才显示出图 8-10 中的这种分时弱势，因此，投资者一定要结合日线图上的这种量价齐跌的弱势综合判断，一旦分时图上短期弱势明显，只要盘口表现为图 8-10 中的主力资金以净流出为主时，就应果断选择卖出股票。而图 8-10 中的情况，即是弱势明显的分时盘口状态，即应及时在当日卖出股票，而不是非要等到中冲剑形态完成后的下一个交易日再来卖出股票。

图8-11　百合花日线图

（2）瞬间过弱的分时盘口状态。如图 8-12 南京化纤（600889）日线图叠加 2024 年 5 月 20 日分时图所示，若投资者在 A 区域根据一阳指形态买入这只股票，在其后持续的快速上涨中，一旦进入 B 区域后，股价出现同如上一个交易日一样的一字板涨停，但投资者一定要留意盘中的情况，因为此时股价已处于短期涨幅过大的高位区。通过分时图上的持续观察发现，尽管盘中 C 区域短时打开涨停，但旋即又快速封回涨停板，看似强势坚挺，但到了午后收盘前 30 分钟，股价再次在 D 区域打开涨停板，且此次的打开股价线呈现出几乎以落地方式的直线下跌，日线图上瞬间量价齐跌明显，投资者应果断在 D 区域，即股价开板后呈现出断崖式下跌时及时卖出股票。因为这种断崖式下跌的出现，是股价在高位区瞬间过弱的显现，盘口仅在收盘前 30 分钟主力即流出 4 438.1 万元的资金量，这对于一只流通盘只有 3.66 亿股的小盘股来说，是主力快速流出的表现。因此，对于此类股票，投资者一定不要认为是主力在天地板强势洗盘，而即便是妖股在强势洗盘，作为普通的投资者来说，也应在当日果断卖出，即便下一个交易日，如果这只股票一样在上演天地板后，又出现地天板的涨停，投资者也不可再轻易买回来。

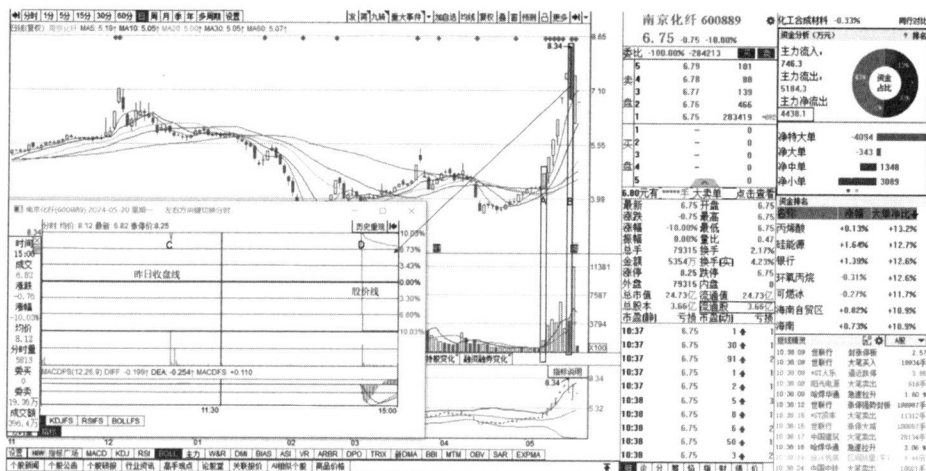

图8-12　南京化纤日线图叠加2024年5月20日分时图

（3）弱势不明显的分时盘口状态。如图 8-11 春风动力（603129）日线图叠加 2024 年 5 月 17 日分时图所示，股价在持续上涨中进入 A 区域，形成小阴小阳线的持续下行，成交量为大量状态的持续萎缩，但在 A 区域第三根 K 线当日，阴线阴量下跌时，即变形中冲剑形态形成初期，投资者即应观察当日分时图上的情况。在叠加的 2024 年 5 月 17 日分时图上，股价线在昨日收盘线附近平淡开盘后，只略小幅上冲即震荡下跌，并在跌破昨日收盘线后持续震荡下行，量能放大在分时图上并不明显，所以，尽管股价线的弱势明显，但无法确认量能上的弱势，因此，应结合日线图上量价齐跌的程度，并选择在分时图上的当日尾盘时分，即日线图上此时已明显确认放量下跌的变形中冲剑卖股形态时，考虑卖出股票。尽管分时图弱势不明显，但弱势格局已定，且盘口主力以净流出为主，虽然流出量仅仅有 632.7 万元，但作为一只流通盘仅 1.51 亿股的小盘股，这一日流出量虽然不大，但若是将 A 区域的三个交易日的流出量相加，同样是较多的，且此时刚刚是流出的开始，投资者应果断在当日尾盘收盘前中止持股。这种情况就属于弱势不明显的分时盘口状态。

注意事项：

（1）投资者在根据一只股票的分时盘口状态确认卖股时机期间，一定要明白，分时盘口的弱势包括两种状态：一种是短期内弱势明显的分时盘口状态；另一种是短期内弱势不明显的分时盘口状态。两种不同的状态，在具体确认卖股最佳时机时的方法是不一样的。

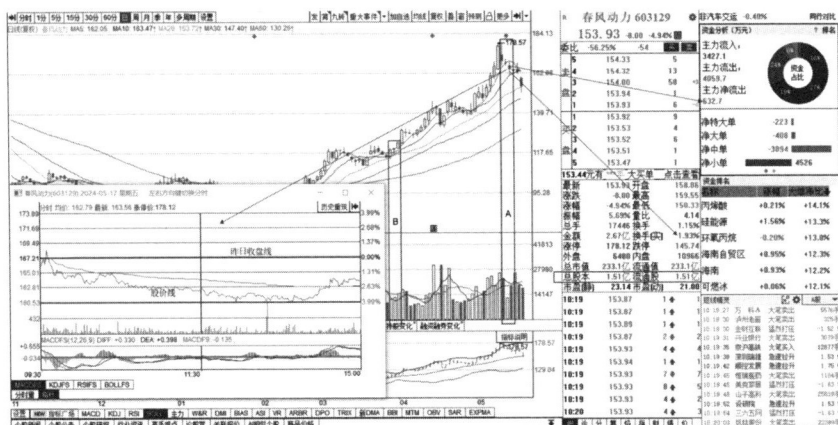

图8-13　春风动力日线图叠加2024年5月17日分时图

（2）分时图上的弱势不明显的分时盘口状态，一种是分时图量价齐跌不明显时，另一种是主力净流出量不明显时，这时就要结合日线图上的量价齐跌状态来确认最佳卖股时机。一旦在日线图上确认量价齐跌的中冲剑或变形中冲剑形态成立，则应及时在午后盘中或尾盘时，选择卖出股票。

（3）如果分时图上的短期弱势盘口状态明显，即分时图上表现为明显的量价齐跌，盘口主力资金以净流出为主且流出量较大时，只要日线图上表现阴线阴量状态，即可果断卖出股票。

8.4　实战要点

8.4.1　卖股时应卖在形态初成阶段

投资者在根据一阳指战法实战卖股期间，在大多数时候，都是要在中冲剑形态或变形中冲剑形态形成初期就卖出股票。这是因为，股价在反弹或快速上涨阶段，一旦转弱，往往都会体现出迅速转弱的情况，所以，很难给市场上的持股者充足的时间去思考和决定。因此，对短线操盘者来说，在卖出形态成立初期，一旦短期的分时量价齐跌的盘口弱势出现，就应果断在第一时间卖出股票，而不是要去通过涨幅等其他方法去预估卖出时机，应根据盘面短期内突然爆发的弱势程度来确认是否出现最佳的卖股时机，满足时即卖出股票，否则就应在当日收盘前观察日线，达到卖出形态时也要在形态确认的尾盘及时卖出股票。

实战案例：

如图 8-14 万朗磁塑（603150）日线图叠加 2024 年 4 月 15 日分时图所示，若前期投资者在低位区根据一阳指形态买入这只股票，在其后的持续上涨中，当股价进入 A 区域后，日线图上出现高开后下跌的阴线阴量，即中冲剑形态形成初期状态时，应及时观察分时图，即 A 区域对应的万朗磁塑 2024 年 4 月 15 日分时图。从图中可明显看到，当日股价线是在昨日收盘线上方小幅高开，但在开盘后的 B 区域即出现持续下行，并快速跌破昨日收盘线后依然在直线下行，且分时量柱为较长的放量状态，为明显的股价线直线下行的量价齐跌弱势，投资者应果断中止持股，在 B 区域选择卖出股票。

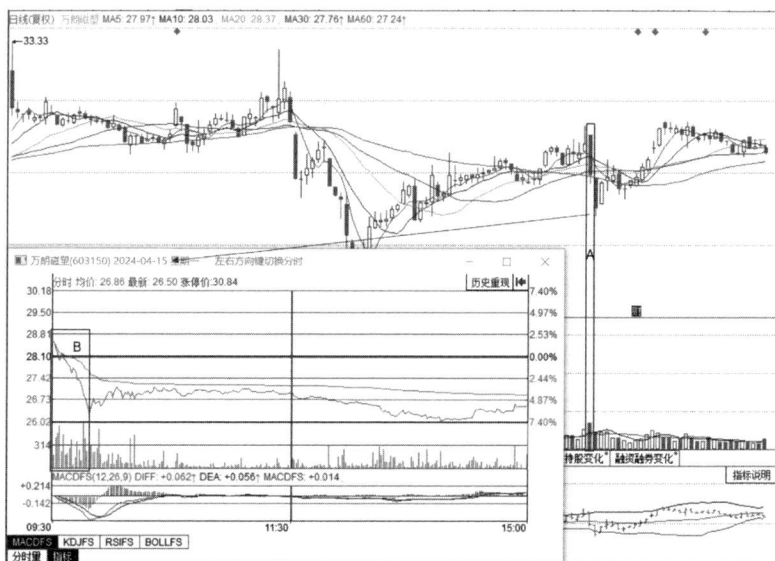

图8-14　万朗磁塑日线图叠加2024年4月15日分时图

注意事项：

（1）投资者在卖股期间，一定要在中冲剑或变形中冲剑的卖股形态形成初期，即选择在分时弱势明显时卖出股票，因为股价只要一表现出局部短时的快速变弱后，弱势就会持续蔓延，其后下跌的速度会更加猛烈，因此要卖在初期。

（2）只有在中冲剑或变形中冲剑形态形成初期，分时的短时弱势爆发并不明显时，方可延后卖出，但也要在当日盘口及时观察日线图，一旦日线上的情况满足中冲剑或变形中冲剑形态要求时，即应果断卖出股票。

8.4.2　结合日线与分时走势确认最佳卖股时机

投资者在根据一阳指战法卖股期间，一定不要单纯地去观察日线图上是否形成中冲剑或变形中冲剑形态，或是过于看重分时图上的弱势形态，因为任何一种方式都是片面的。当过于看重日线图时，若是直到日线图尾盘才形成不明显的小幅放量下跌卖股形态，则很容易被投资者忽略，必然会错过最佳的卖股时机。当过于看重分时图，则极易被主力的放量弱势洗盘行为误导，出现提早被主力洗出局的卖早行为。因此，投资者应在实战卖股期间，通过不停地切换分时图与日线图的方式，从日线图上略长的趋势与分时图上短期的强弱走势来综合判定最佳的卖股时机。

实战案例：

如图 8-15 海量数据（603138）日线图叠加 2024 年 3 月 25 日分时图所示，若投资者在前期低位回升时的一阳指形态形成处买入这只股票，在其后的持续上涨中，当股价进入 A 区域后，先是收出一根实体较长的阳线，其后又在 A 区域内右侧收出一根实体较小的阳线。从当日的分时图上观察，股价在弱势开盘和弱势震荡后，在 B 区域出现明显的放量上涨走势，其后一直保持在昨日收盘线上方横盘震荡，只在尾盘时数次跌破昨日收盘线，但均回升到昨日收盘线上方，而日线上阳线阳量的量价齐升又较为明显。但投资者应在盘中及时观察到，虽然股价当日是较为强势的，但当日股价并未突破上一根 K 线高点，即 A 区域左侧 K 线的高点，且低点也未跌破其低点，即 A 区域内右侧 K 线实体较小，一直在上一根 K 线范围之内，极有可能在 A 区域出现孕线的 K 线组合形态，因此，应在当日尾盘，即收盘前，根据盘口换手率明显放大和主力以净流出为主的状态，果断卖出股票。因为尾盘时基本上已经可以在日线图上确认 A 区域的具有孕线形态的变形中冲剑形态，所以，必须当日卖出股票。

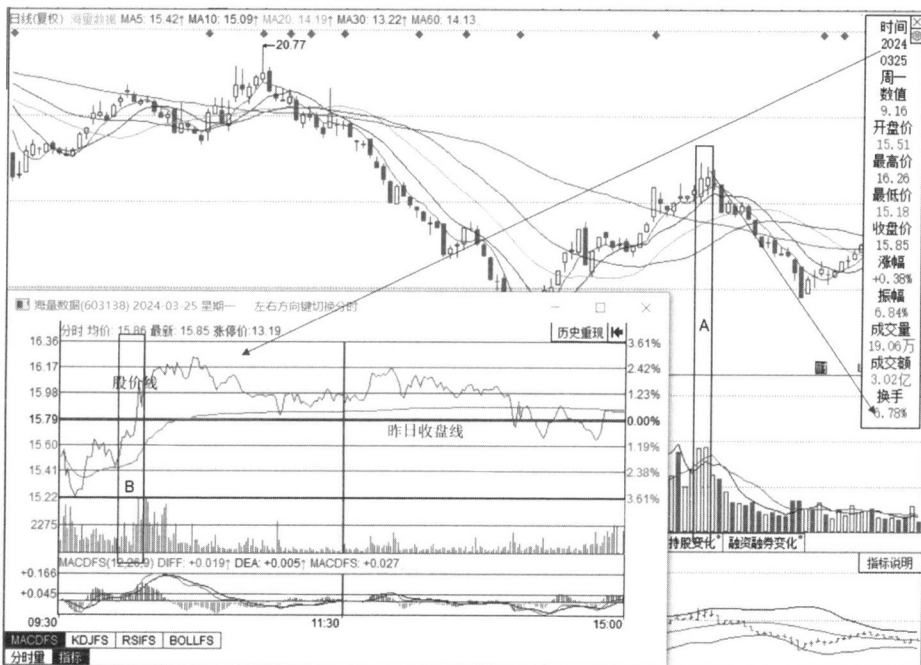

图8-15　海量数据日线图叠加2024年3月25日分时图

注意事项：

（1）投资者在实战卖股时期，对于日线图的观察，主要是观察是否形成中冲剑形态或变形中冲剑形态，对于分时图上的观察，主要是观察其是否出现短期量价齐跌的弱势突然爆发状态，以及分时弱势形态是否明显。

（2）在实战卖股期间，投资者一定要在日线卖股形态形成初期及时观察分时图，只要未爆发短期明显的量价齐跌，即可再观察日线图，一旦形成卖股形态，则应及时选择在盘中或尾盘确认日线中冲剑或变形中冲剑卖股形态之际，卖出股票。

8.4.3　卖出后即便股价再上涨也不可再买回

投资者在根据一阳指战法卖出股票之后，在一般情况下，短期内是不允许再买回来的，周线或月线长牛股除外。尤其是对于那些在周线或月线上处于上涨趋势短期调整的股票，虽然投资者可根据日线图上弱势转强时的一阳指形态参与，但不可过多参与同一只股票，因为这就像击鼓传花的游戏一样，股价看似在日线图上表现出锯齿式的长期上涨，但在目前的 A 股市场上，几乎看不到一只长期震荡上涨的牛股的，也就是说，股票受资金面的影响较大，所以，看似每一个低点都是抄底良机，但上涨趋势总有结束的时候，只是对于普通的投资者来说，是根本不知道这鼓声是何时停止的，因此很容易发生鼓声停的那一刻，彩球就捧在自己手中的情况。然而，我们虽然无法事先得知鼓声停止的准确时间，却是可以通过股价来粗略估算，即股价在经过大幅上涨后，鼓声随时都会有停止的风险，因为主力已经实现短期大幅获利，根本没有再留下来的必要。而反弹的行情更是如此，一旦在高位卖出股票，是绝不可轻易在短期内买回来的，除非趋势已经发生反转。因此，投资者在卖出股票后，即便股价再涨，也不可轻易在两三个交易日内再买回来，以免成为高位"接盘侠"。

实战案例：

如图 8-16 邦基科技（603151）日线图所示，若投资者在 A 区域根据一阳指形态买入这只股票，在其后的持续上涨中，当股价进入 B 区域后，形成十字星、巨量阴量的中冲剑形态，投资者若是卖出股票，在其后 C 区域出现了明显的量价齐升，且股价持续刷新 B 区域高点时，万不可再轻易买回来，因为股价在高位区的短线走强是正常的，一旦再次买入，其后短期内投资者根本无法做到全身而退，更别说获利了。

图8-16　邦基科技日线图

注意事项：

（1）投资者要想做到卖出股票后即便股价再涨也不买回来，就要克服贪婪心理，因为无论当初参与这只股票时是买的弱势反弹类，还是买在上涨趋势短期调整后恢复的上涨行情中，股价的强势不可能一直持续，所以，若是再上涨，多数是一种逼空行情，不可轻易再买回来。

（2）对于卖出股票后的股价再上涨，是市场中一种再正常不过的行为，因为一些股票若非主力在出货，就不会再持续创出新的阶段性高点或历史高点了。当主力手中的筹码过多时，总会想方设法诱惑散户接盘，所以，只要是股价处于大幅上涨后的高位区，卖出后均不可轻易再买回来。